나의 목표

시작한 날 [ ][ ][ ] 년 [ ][ ] 월 [ ][ ] 일

마지막 날 [ ][ ][ ] 년 [ ][ ] 월 [ ][ ] 일

하루 공부를 마치고
포도알을 색칠해 보자!

1일 1주제 9분 만에 끝내는
119 수학

초판 1쇄 발행 2025년 12월 30일

지은이 박진환

펴낸이 윤주용
편집 도은주, 류정화 | **마케팅** 조명구 | **홍보** 박미나
외주편집 장기영, 박미선

펴낸곳 초록비책공방
출판등록 2013년 4월 25일 제2013-000130
주소 서울시 마포구 동교로27길 53 308호
전화 0505-566-5522 | **팩스** 02-6008-1777

메일 greenrainbooks@naver.com
인스타 @greenrainbooks @greenrain_1318
블로그 http://blog.naver.com/greenrainbooks

ISBN 979-11-24126-07-3 (44080)
        979-11-24126-02-8 (세트)

어려운 것은 쉽게 쉬운 것은 깊게 깊은 것은 유쾌하게

초록비책공방은 여러분의 소중한 의견을 기다리고 있습니다.
원고 투고, 오탈자 제보, 제휴 제안은 greenrainbooks@naver.com으로 보내주세요.

1일 1주제 9분 만에 끝내는
수학

50일 완성

박진환 지음

초록비책공방

119 시리즈 만점 활용법

119 시리즈는 하루 9분, 하나의 주제로 공부 습관을 만드는 책이야. 교실에서 아이들과 함께해 온 현장 선생님들이 직접 쓴 책이라서 너희가 꼭 알아야 할 개념과 생각하는 방법을 쉽고 정확하게 알려줄 거야. 이 책을 더 잘 활용할 수 있는 방법을 소개할게.

1. 하루 한 꼭지, 9분만 집중해 볼까?

119 시리즈는 '읽기→생각하기→정리하기' 순서로 이어져 있어. 먼저 질문으로 호기심을 열어주고 이어지는 짧은 이야기와 설명을 통해 자연스럽게 개념을 익힐 수 있지. 하루 2~4페이지 분량이라 부담 없고 꾸준히 하기에 딱 좋아.

2. 교과와 연계된 학습 키워드로 중심 잡기

각 꼭지는 학교에서 배우는 교과 단원과 연결되어 있고, 교과 개념과 연결된 학습 키워드를 중심으로 내용이 이루어져 있어. '왜 이걸 배우는지', '교과에서 어디와 연결되는지'를 자연스럽게 이해할 수 있지. 학교 수업과 함께 보면 훨씬 더 깊게 이해되고 복습 효과도 좋아.

3. 배운 내용을 '나만의 말'로 정리해 보기

이 책은 단순히 외우는 공부보다 생각 흐름을 따라 개념을 이해하도록 되어 있어. 본문 중간에 나오는 질문에 스스로 답해 보면 "아, 나는 이렇게 이해했구나!" 하고 정리가 돼. 이런 과정은 바로 논술형 평가에서 필요한 사고력으로 이어져.

4. <실력 쑥쑥 119>로 바로 복습하기

각 꼭지 바로 뒤에는 <실력 쑥쑥 119> 문제가 있어. 오늘 배운 내용을 잘 이해했는지 스스로 확인할 수 있고 중요한 개념만 다시 한 번 떠올릴 수 있어서 공부 효과가 훨씬 커져.

5. <더 알아보기 119>로 배움을 확장하기

선생님이 직접 고른 책·영상·사이트가 매 꼭지마다 소개되어 있어. 궁금한 내용을 조금 더 깊게 알고 싶거나 호기심이 생긴 부분이 있다면 여기 있는 자료들을 통해 탐구를 이어가 봐. 스스로 공부를 확장하는 힘을 자연스럽게 기를 수 있어.

6. <진로 119> 코너로 배움과 미래를 연결해 보기

각 챕터 끝에는 <진로 119> 코너가 있어. 오늘 배운 내용이 어떤 직업과 연결되는지 알려주고 내가 좋아할 만한 분야가 무엇인지 생각해 볼 수 있어. 공부와 진로를 따로 떼어 놓지 않고 자연스럽게 이어주는 구성이야.

7. 매일 9분, 꾸준함이 진짜 실력이야

하루 9분은 짧아 보이지만 매일 쌓이면 사고력·문해력·기초 개념·교과 이해도가 놀랍게 자라게 돼. 119 시리즈와 함께 익숙한 교과 내용을 새로운 이야기와 질문으로 만나다 보면 자기만의 공부 루틴이 단단하게 자리 잡을 거야.

안녕 친구들! 119 수학에서 만나게 되어 정말 반가워!

아마 '119 수학'이라는 제목을 보고 "119? 뭔가 급하게 해결해야 할 느낌인데?"라는 생각이 들었을지도 모르겠어. 맞아, 이 책은 간단하고 빠르게 수학을 배울 수 있도록 도와주는 특별한 책이야. 긴 시간을 들이지 않아도, 수학을 더 쉽고 친근하게 느낄 수 있도록 준비했거든. 수학에 대해 평소 어떤 생각을 가지고 있었는지는 상관없어. 지금보다 더 수학을 좋아하게 만들어 줄 테니까.

많은 친구들이 수학이 어렵고 재미없다고 생각하고 있을 거야. 아마 그런 이유는 수학을 외우고 계산하는 것이 전부라고 생각하기 때문이겠지. 그리고 그 과정에서 혹시나 틀릴지도 모른다는 두려움, 틀렸을 때 받았던 부정적인 어른들의 반응이 더욱 위축되게 만들었을 수도 있어. 하지만 수학은 답을 구하는 게 전부가 아니야. 수학의 진짜 매력은 따로 있어. 수학의 개념들은 모두 특별하거든. 그 특별함 때문에 이름을 부여받은 거지. 그 특별함을 하나씩 파헤치며 알아 가는 과정은 매우 흥미로워.

우리는 앞으로 매일 딱 9분씩만 투자해서 하루에 한 주제씩 수학의 매력을 느껴 볼 거야. 일주일에 다섯 가지 주제에 빠져 봐. 그러면 10주 후에는 어느새 50가지의 수학 주제를 완전히 내 것으로 만들 수 있어.

중학교 수학은 크게 네 개의 영역으로 구성되어 있어. '수와 연산', '변화와 관계', '도형과 측정', '자료와 가능성'으로 구분되지.

매 학년 4가지 영역을 모두 배우게 되는데, 학년이 올라갈수록 좀 더 높은 수준의 내용을 다루게 돼. 수와 연산 영역을 예로 들면 중학교 1학년은 음수를 포함한 유리수를 배우고, 중학교 2학년은 유리수의 소수 표현을 배우며, 중학교 3학년은 무리수를 배우게 돼. 아직 잘 모르는 개념이라면 서로 전혀 다르게 느껴질 수도 있지만 사실은 긴밀하게 연결되어 있어. 그래서 이 책에서는 영역별로 챕터를 구성했어. 이 책을 읽으면 자연스럽게 중학교 수학의 네 가지 영역 전체의 흐름을 이해할 수 있을 거야.

5부에서는 최근 급격하게 발달하고 있는 인공지능에 대한 이야기도 담았어. 인공지능을 이야기할 때 수학은 결코 빠질 수 없기 때문이지. 수학의 가치를 또 한 번 느낄 수 있는 좋은 기회가 될 거야.

이 책은 수학책이지만 어렵지 않아. 오히려 재미있지. 이 책을 읽으며 수학이 우리 주변에 얼마나 가까이 있는지 알게 될 거야. 다양한 사례들이 수학의 즐거움으로 안내할 거고, 수학이 발견되는 과정을 함께하며 수학자가 된 기분을 느낄 수 있을 거야.

매일 9분, 짧은 시간 같지만 이 작은 시간이 쌓이면 큰 변화를 만들 수 있어. 하루하루 수학을 더 쉽고 재미있게 느끼게 될 거고, 매일 조금씩 성장하는 나 자신을 발견하는 즐거움을 맛볼 수 있을 거야.

이제 준비됐니? 지금부터 시작하는 119 수학과의 특별한 여행이 친구들의 수학 인생에서 가장 흥미롭고 가치 있는 시간이 되기를 응원할게.

차 례

1부. 수와 연산의 세계

Goal!

50 days

start

2부. 문자와 변화의 세계

3부. 도형과 논리의 세계

4부. 데이터와 가능성의 세계

5부. 인공지능과 알고리즘의 세계

1부

수와 연산의 세계

약수를 빠짐없이 찾는 비결이 있다고?

소인수분해를 활용한 약수 구하기

큰 수의 약수를 구하기 위해 1부터 차례대로 모두 나누어 봐야 할까?
쉽고, 빠르고, 정확하게 어떤 수의 약수를 모두 구하는 방법을 배워 보자.

학습 키워드 #소수 #소인수분해 #약수

교과 연계 초5 〉 약수와 배수
중1 〉 소인수분해

약수란 무엇일까?

약수란 어떤 수를 나누었을 때 나누어떨어지는 수야. 예를 들어 6을 나누었을 때 나누어떨어지는 1, 2, 3, 6은 모두 6의 약수지. 약수를 찾는 방법은 간단해. 6의 약수를 찾으려면 1부터 6까지 모든 자연수로 6을 나누어 보면 되거든. 그 결과 나누어떨어지는 수, 즉 나머지가 0이 되는 수가 6의 약수야.

그런데 약수를 구하려는 숫자가 크다면 어떻게 해야 할까? 예를 들어 420의 약수를 모두 구하라는 문제가 나왔다면? 1부터 차례대로 420까지 총 420번이나 나눗셈을 해야 할까? 숫자가 클 때는 1부터 차례대로 나누면서 약수를 찾는 방법이 그다지 좋은 것 같지 않아.

그래서 약수를 쉽게 찾는 좋은 방법을 하나 알려 줄게. 다음과 같은 숫자 카드를 들고 있다고 생각해 봐.

이 숫자를 모두 곱하면 420이잖아. 420의 약수는 이 5장의 숫자 카드를 이용해서 구하면 돼. 5장의 카드에서 원하는 카드를 원하는 개수만큼 뽑아 봐. 어떻게 뽑든 너희가 뽑은 카드의 숫자를 모두 곱하면 그 수는 모두 420의 약수라는 걸 알 수 있어. 만약 2와 7을 뽑았다면, 2×7은 420의 약수야. 420을 2×7로 나누면 그 몫이 2×3×5니까 나누어떨어지잖아.

따라서 420의 약수를 모두 구하기 위해서는, 5장의 카드 더미에서 뽑을 수 있는 모든 경우를 찾으면 되는 거야. 다음 표에 뽑은 카드의 개수를 한 장씩 늘렸을 때 뽑을 수 있는 모든 경우를 정리해 보았어.

뽑은 카드 개수	뽑을 수 있는 모든 경우	약수
1	2, 3, 5, 7	2, 3, 5, 7
2	2×2, 2×3, 2×5, 2×7, 3×5, 3×7, 5×7	4, 6, 10, 14, 15, 21, 35
3	2×2×3, 2×2×5, 2×2×7, 2×3×5, 2×3×7, 2×5×7, 3×5×7	12, 20, 28, 30, 42, 70, 105
4	2×2×3×5, 2×2×3×7, 2×2×5×7, 2×3×5×7	60, 84, 140, 210
5	2×2×3×5×7	420

소인수분해라는 방법

이렇게 찾고 나니까 하나가 빠진 것 같지 않아? 맞아. 바로 모든 수의 약수인 1이 빠졌어. 1을 포함하니까 420의 약수 24개를 모두 찾은 것 같아. 그런데 420을 분해한 카드들에는 어떤 특징이 있는 것 같아? 2, 3, 5, 7의 약수는 모두 1과 자기 자신밖에 없는 수잖아. 이는 약수를 빠짐없이 구하는 데 매우 중요한 성질이니까 꼭 기억하자.

만약 12의 약수를 빠짐없이 구하기 위한 카드를 3과 4로 만들었다고 생각해 봐. 이 2장의 카드로 뽑을 수 있는 카드 조합은 3, 4, 3×4밖에 존재하지 않아. 하지만 우리는 12의 약수가 1, 2, 3, 4, 6, 12 라는 걸 이미 알고 있어. 이는 약수를 구하기 위한 카드에 4를 넣었기 때문에 생긴 문제야. 4는 1과 자기 자신뿐만 아니라 2라는 약수를 갖고 있기 때문에 약수를 빠짐없이 구하는 카드가 될 수 없어. 그래서 우리는 1과 자기 자신만을 약수로 갖는 수에는 특별히 소수**Prime Number**라는 이름을 붙여 주기로 했어.

약수를 빠짐없이 구하려면 주어진 수를 소수의 곱으로 표현해야 해. 이것을 '소인수분해'라고 해. 소인수분해를 하는 방법은 여러 가지야.

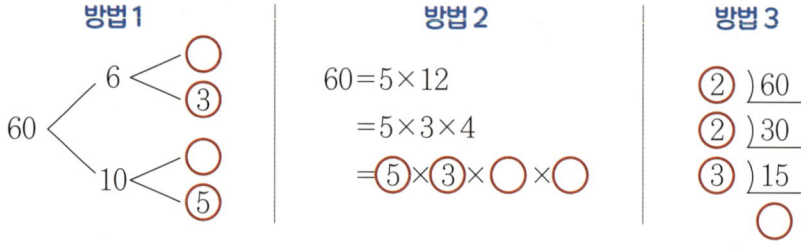

큰 수를 소인수분해하다 보면 길고 복잡해지는 경우가 생겨. 만약 384를 소인수분해한다면 $2×2×2×2×2×2×2×3$이 되잖아. 2가 7번이나 곱해져 있는 걸 반복하는 건 비효율적이야. 그래서 수학에서는 $2×2×2×2×2×2×2×3$을 $2^7×3$으로 쓰기로 했어. 2 위에 있는 작은 첨자 7을 지수라고 하고, 반복해서 곱하는 숫자 2는 밑이라고 해.

1. 385를 소인수분해해 보자.

----

2. 385의 약수를 모두 구해 보자.

----

3. 약수를 구할 때 카드를 선택하는 개수를 생각해 보면 약수의 총 개수를 구하는 방법을 찾을 수 있어. 만약 어떤 수가 $2^3 \times 3^2 \times 7$로 소인수분해된다면, $2^3 \times 3^2 \times 7$의 약수의 총 개수는 몇 개인지 찾아 보고, 소인수분해 결과를 보고 약수의 총 개수를 찾는 방법을 설명해 보자.

 더 알고 싶어 119　　　📖 도서　▷ 영상　🔍 사이트

📖 **『십 대를 위한 사계절 수학 산책 이야기』 (염지현 저, 팜파스, 2024)**
　　최대공약수가 숨어 있는 자연의 신비를 탐구해 봐.

▷ **소수를 소개합니다 (김상현의 이토록 황홀한 수학)**
　　영상을 보며 소수의 개념을 이해하고, 소수가 약수를 찾는 데 어떤 역할을 하는지 예시를 들어 설명해 보자.

🔍 **소인수분해 계산기** 소인수분해 계산기를 활용해 여러 수를 분해해 보고, 그 결과를 통해 약수를 체계적으로 구하는 방법을 스스로 정리해 보자.

소수를 찾기 위해 체가 필요하다고?

소수의 특징과 에라토스테네스의 체

수학의 숨겨진 보물, 소수에 대한 탐험을 시작해 볼까?
이 작은 숫자들이 우주의 신비를 어떻게 담고 있는지, 그리고 수학자들이 수천 년 동안
이 불가사의한 숫자들에 빠졌던 이유를 함께 알아보자.

학습 키워드　#소수 #유클리드의증명 #골드바흐의추측 #리만가설 #에라토스테네스의체
교과 연계　초5 〉 약수와 배수
　　　　　　　중1 〉 소인수분해

소수는 무한하다

　소수는 1과 자기 자신으로만 나누어떨어지는 1보다 큰 자연수를 말해. 예를 들어 2, 3, 5, 7, 11… 과 같은 것들이지. 가장 작은 소수는 2이고, 2는 소수 중 유일한 짝수라는 특징이 있어. 그렇다면 가장 큰 소수도 있을까? 이 질문은 아주 오래전부터 수학자들을 궁금증에 빠뜨렸던 질문이야. 무려 2,300여 년 전에 『유클리드 원론』이라는 책에 소수의 개수는 무한하다는 사실을 증명한 기록이 남아 있을 정도지. 유클리드는 먼저 소수가 유한개 존재한다고 가정했어. 그리고 그 소수를 모두 곱한 다음, 그 결과에 1을 더해 본 거야. 그 수를 A라고 한다면 이 A는 소수일까? 합성수일까? 예를 들어 소수가 2, 3, 5 밖에 없다고 생각해 봐. 이 소수를 모두 곱하면 30이고, 여기에 1을 더하면 31이야. 이

렇게 만들어진 31은 유한개의 모든 소수(2, 3, 5)로 나누어떨어지지 않아. 31=2×3×5+1이니까, 2, 3, 5로 나눴을 때 나머지 1이 나오기 때문이지. 31이 소수라면, 소수가 2, 3, 5 밖에 없다는 가정과 맞지 않아. 즉 처음 세운 가정이 틀렸다는 걸 통해 소수가 무한하다는 사실을 증명한 거야.

이를 일반화시켜 설명해 볼게. 소수가 유한하다고 가정하면 아마 가장 큰 소수가 존재할 거야. 가장 큰 소수를 p라고 하면, 크기 순서대로 다음과 같이 쓸 수 있어.

$$[2, 3, 5, 7, 11, \cdots, p]$$

이제 이 수를 모두 곱하고 1을 더한 수를 A라고 하면, 다음과 같이 쓸 수 있지.

$$A = 2 \times 3 \times 5 \times 7 \times 11 \times \cdots \times p + 1$$

그런데 A를 2, 3, 5, 7, 11, …, p의 모든 소수로 나누더라도 나누어떨어지지 않아. 모두 나머지 1이 나오기 때문이지. 즉 어떤 소수로도 나누어지지 않는 새로운 수 A가 생긴 거야. 그리고 A는 p보다 훨씬 큰 수니까 p가 가장 큰 소수라는 사실에서도 어긋나게 돼. 이로써 소수가 유한하다는 가정은 틀렸고, 소수가 무한하다는 사실이 증명되는 거야.

소수는 무한하지만, 소수들이 나타나는 패턴을 정확하게 예측하거나 규칙을 찾기는 몹시 어려워. 그래서 어떤 수가 소수인지 아닌지 확인하려면 주어진 수보다 작은 소수들로 직접 나누어 보면서 나누어떨어지는지 확인해야 해. 만약 97이 소수인지 확인하려면, 2, 3, 5, 7…
로 차례로 나눠 보면서 97보다 작은 그 어떤 소수로도 나누어떨어지지
않는다는 것을 확인하면 되지. 만약 100보다 작은 모든 소수를 찾으려
면 어떻게 해야 할까?

고대 그리스의 학자 에라토스테네스는 다음과 같은 방법으로 100
보다 작은 모든 소수를 쉽게 찾아낼 수 있었어.

에라토스테네스의 체

- 시작하기 : 먼저, 2부터 100까지 모든 수를 나열해.
- 첫 번째 소수 찾기: 가장 작은 소수인 2를 선택하고, 2의 배수를 모두 지워.
- 다음 소수 찾기: 남아 있는 수 중에서 가장 작은 수를 찾아서 그 수의 배수도 모두 지워. 이때,
  이미 지워진 수는 무시하면 돼.
- 반복하기: 위의 과정을 더 이상 지울 수
  있는 배수가 없을 때까지 반복해 봐.
- 결과 얻기: 남아 있는 다음 수가 100보다
  작은 모든 소수야.
- 100 이하의 소수 : 2, 3, 5, 7, 11, 13, 17,
  19, 23, 29, 31, 37, 41, 43, 47, 53, 59,
  61, 67, 71, 73, 79, 83, 89, 97

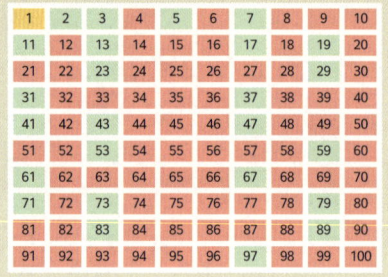

에라토스테네스의 체는 간단하지만, 소수를 빠르고 빠짐없이 구할
수 있게 해 주는 효율적인 방법이야. 그래서 오늘날까지도 소수를 찾기
위해 사용될 뿐만 아니라 컴퓨터 알고리즘에도 많이 활용되고 있어.

1. 수가 무한하다는 것을 증명하기 위해 유클리드가 사용한 논리적 방법은?

  ① 소수를 전부 나열해서 확인하였다.

  ② 소수의 합을 계산하였다.

  ③ 유한개의 소수가 있다고 가정한 뒤 모순을 이끌어 냈다.

  ④ 소수를 짝수와 홀수로 나누어 보았다.

2. 1에서 100까지의 구간과 1000에서 1100까지의 구간 중 어느 구간에 소수가 더 많이 존재할까?

  _____

  _____

  _____

3. 97이 소수인지 확인하기 위해 97보다 작은 모든 소수로 나누어 봐야 할까? 그렇지 않아. 97을 2, 3, 5, 7까지 나누어 보고 모두 나누어떨어지지 않으니까 97은 소수라고 말할 수 있어. 그 이유는 무엇일까?

  _____

  _____

  _____

  _____

  _____

더 알고 싶어 119   📖 도서 ▷ 영상 🔍 사이트

▷ **소수란?**
영상을 보며 에라토스테네스의 체가 어떻게 소수를 걸러 내는지 관찰하고, 직접 수를 지워 가며 소수를 찾아보자.

🔍 **에라토스테네스의 체 실험**
사이트의 체험 활동을 통해 소수를 찾아보고 나타나는 성질을 스스로 탐구해 보자.

최대공약수와 최소공배수를 카드로 구한다고?

최대공약수와 최소공배수를 찾는 강력한 도구!

숫자들의 비밀을 풀어내는 마법 같은 방법, 소인수분해! 약수를 찾는 것부터 최대공약수와 최소공배수를 구하는 것까지, 모두 이 방법으로 해결할 수 있어.

학습 키워드 #최대공약수 #최소공배수 #소인수분해
교과 연계 초5 > 약수와 배수
중1 > 소인수분해

공약수와 공배수

소인수분해는 최대공약수와 최소공배수를 구하는 데도 이용할 수 있어. '공약수'는 두 개 이상의 수가 공통으로 가지고 있는 약수를 뜻해. 8의 약수는 1, 2, 4, 8이고, 12의 약수는 1, 2, 3, 4, 6, 12 야. 여기서 8과 12가 공통으로 갖고 있는 약수는 1, 2, 4잖아. 이때 8과 12의 공약수는 1, 2, 4라고 해. 최대공약수는 공약수 중에 가장 큰 수를 뜻하기 때문에 8과 12의 최대공약수는 4가 되는 거지.

'공배수'는 두 개 이상의 수가 공통으로 가지는 배수를 뜻해. 3의 배수는 3, 6, 9, 12, 15, 18, 21, 24, ⋯ 이고, 4의 배수는 4, 8, 12, 16, 20, 24, ⋯ 야. 여기서 12와 24는 3과 4 모두의 배수니까 3과 4의 공배수지. 이때 공배수 중 가장 작은 최소공배수는 12가 되는 거야.

그렇다면 왜 최대공약수와 최소공배수를 구하는 걸까? 최대공약수와 최소공배수는 공약수와 공배수를 모두 구하는 데 핵심적인 역할을 하기 때문이야. 공약수는 최대공약수의 약수이고, 공배수는 최소공배수의 배수이거든. 앞의 예에서 8과 12의 공약수 1, 2, 4는 최대공약수 4의 약수와 같고, 3과 4의 공배수 12, 24, 36⋯ 은 최소공배수 12의 배수와 같아.

최대공약수
2×3

$2\,)\,$ 12　18
$3\,)\,$ 6　9
　　2　3

최소공배수
2×3×2×3

최대공약수와 최소공배수 구하기

숫자가 여러 개이거나, 각 숫자가 크고 복잡하다면 소인수분해를 이용하면 큰 도움이 돼. 다음 소인수분해된 두 수를 살펴보자.

$$2^4 \times 3^2 \times 7, \quad 2^2 \times 3^3 \times 11$$

두 수를 소수 카드의 모임이라고 생각해 볼까? 그럼 $2^4 \times 3^2 \times 7$은 2 카드 4장, 3 카드 2장, 7 카드 1장으로 이루어져 있어. $2^2 \times 3^3 \times 11$은 2 카드 2장, 3 카드 3장, 11 카드 1장으로 이루어져 있고 말이야.

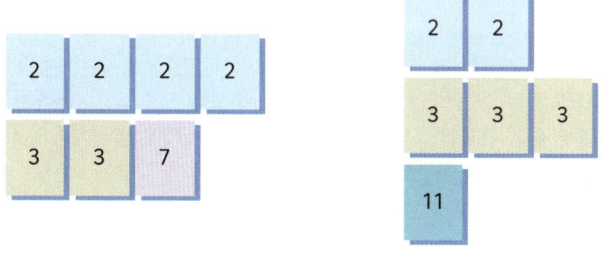

왼쪽 카드 더미에서 임의 개수의 카드를 선택해 곱하면 그 수는 $2^4 \times 3^2 \times 7$의 약수가 될 거야. 마찬가지로 오른쪽 카드 더미에서 임의 개수의 카드를 선택해 곱하면 그 수는 $2^2 \times 3^3 \times 11$의 약수가 되겠지. 따라서 공약수는 양쪽 카드 더미에서 동일하게 뽑을 수 있는 카드들을 선택하면 돼. 예를 들어 2 카드 2장, 3 카드 1장은 왼쪽, 오른쪽 주머니에서 모두 뽑을 수 있으니까 $2 \times 2 \times 3$은 두 수의 공약수라는 걸 알 수 있어. 최대공약수를 구하려면 두 주머니 모두에서 가장 많이 뽑을 수 있는 경우를 생각하면 돼. 2 카드는 최대 2장을 뽑을 수 있고, 3 카드도 최대 2장을 뽑을 수 있어. 7과 11 카드는 각각 한쪽에만 있어서 동시에 뽑을 수 없지. 따라서 최대공약수는 $2^2 \times 3^2$이 되는 거야.

그럼 이제부터 두 수의 최소공배수를 구해 볼게.

먼저 $2^4 \times 3^2 \times 7$의 배수를 만들기 위해 주머니 안에 2 카드 4장, 3 카드 2장, 7 카드 1장을 넣어. 이제 이 주머니에 카드를 추가하면 이 주머니는 $2^4 \times 3^2 \times 7$의 배수가 돼. 같은 방식으로 $2^2 \times 3^3 \times 11$의 배수가 되려면 2 카드가 2장, 3 카드가 3장, 11 카드가 1장 필요해. 그런데 이미 2 카드가 4장이나 주머니에 들어 있으니, 추가로 넣을 필요는 없어. 하지만 3 카드는 1장이 더 필요하고, 11 카드도 1장 추가하면 돼.

이렇게 주머니에 2 카드 4장, 3 카드 3장, 7 카드 1장, 11 카드 1장 들어 있는 게 두 수의 배수 중 가장 작은 수가 되니까, 최소공배수는 $2^4 \times 3^3 \times 7 \times 11$이 되는 거야. 이 원리를 이용해 소인수분해된 두 개 이상의 수의 최대공약수와 최소공배수를 구하는 방법을 다음과 같이 정리해 보았어.

최대공약수 찾는 법	최소공배수 찾는 법
모든 수에 공통으로 들어 있는 소인수를 모두 곱하기로 연결해 적고 공통인 소인수 중 지수가 가장 작은 값을 적는다.	모든 수에 포함된 소인수를 모두 곱하기로 연결해 적고 공통인 소인수 중 지수가 가장 큰 값을 적는다.

1. 다음 빈칸에 알맞은 말을 써 보자.

> 두 수의 _____(은)는 공약수 중 가장 큰 수이고 _____(은)는 공배
> 수 중 가장 작은 수를 말한다.

2. 다음 두 수의 최대공약수와 최소공배수를 구해 보자.

> (1) 4, 9   (2) 12, 35

3. 2번 문제에서 두 수의 최대공약수와 최소공배수를 구하는 과정의 공통점에 대해 써
보자.

 더 알고 싶어 119

📖도서 ▷영상 🔍사이트

📖 **『한 권으로 끝내는 중학 수학』** (박구연, 지브레인, 2024)
책을 읽으며 최대공약수와 최소공배수의 개념을 정리해 봐.

▷ **매미가 살아남는 법**
영상을 보며 매미의 생존 주기와 공배수의 관계를 이해하고 자연 속에서 공배수가
어떻게 활용되는지 생각해 보자.

🔍 **최대공약수 계산기**
최대공약수 계산기를 이용해 여러 수의 최대공약수를 쉽게 계산해 보자.

음수를 설명하는 모델이 여러 가지라고?

다양한 모델을 통한 음수의 이해

우리 일상에 자연스럽게 스며든 음수에 대해 얼마나 생각해 봤니?
온도가 내려가거나 주식이 하락할 때 우리는 별다른 생각 없이 음수를 사용해.
하지만 이 편리한 음수가 쓰이게 되기까지의 과정은 쉽지 않았대.

학습 키워드 #음수 #정수 #유리수 #셈돌모델 #수직선모델
교과 연계 중1 〉 정수와 유리수

    일상생활에서 온도가 영하로 떨어지거나 주식의 주가가 떨어질 때 우리는 음수를 자연스럽게 사용하고 있어.

    그렇다면 음수란 무엇일까? 우리가 지금껏 사용하던 자연수, 분수 등에 음의 부호(-)를 붙인 수를 '음수'라고 불러. 음수는 0보다 작은 수야. 예를 들어 자연수 3에 음의 부호를 붙인 -3이 바로 음수지. 우리는 분수를 활용해서 수의 개념을 더욱 확장할 수 있어. 분수는 두 정수의 비율^{ratio}로 표현되며, $\frac{1}{2}$이나 $\frac{4}{3}$와 같은 형태로 사용하지. 분수에 음의 부호를 붙이면 $-\frac{1}{2}$, $-\frac{4}{3}$와 같이 쓸 수 있어. 이처럼 분자, 분모가 자연수인 분수에 양의 부호(+, 생략 가능)를 붙인 수를 양의 유리수, 음의 부호(-)를 붙인 수를 음의 유리수라고 하지.

처음 음수를 배울 때 어렵게 느끼는 이들을 위해 수학 교과서에서는 다양한 모델을 활용해 유리수의 사칙연산을 직관적으로 이해할 수 있도록 돕고 있어.

셈돌 모델

바둑돌을 꺼내 볼까? 검은색 바둑돌은 +1, 흰색 바둑돌은 −1을 뜻한다고 해 보자. 바둑돌로 (+4)+(−3)을 계산한다면 바둑돌을 +와 같이 놓을 수 있어. 이때 +1과 −1이 하나씩 만나면 0이 되어 사라지겠지? 즉 검은색 바둑돌과 흰색 바둑돌을 동시에 하나씩 집어내면 남은 검은색 바둑돌 1개가 계산의 결과가 되는 거야.

$$(+4)+(-3)=+1$$

마찬가지로 (−3)−(−1)은 흰색 바둑돌 3개에서 흰색 바둑돌 1개를 없애면 흰색 바둑돌 2개가 남아. 이를 식으로 쓰면 (−3)−(−1)=−2야. (+5)−(−3)을 계산하려면 검은색 바둑돌 5개에서 흰색 바둑돌 3개를 빼야 하는데, 서로 다른 색깔이라 뺄 수가 없어. 그래서 검은색 바둑돌 1개와 흰색 바둑돌 1개는 없앨 수 있으니, 검은색 바둑돌과 흰색 바둑돌을 각각 3개씩 같이 더해 주는 거야. 그러면 검은색 바둑돌 8개에 흰색 바둑돌 3개가 되고 여기에서 흰색 바둑돌 3개를 없애면 (+5)+{(+3)+(−3)}−(−3)=+8이 되지. 이렇게 바둑돌을 이용하면 정수의 덧셈과 뺄셈을 쉽게 설명할 수 있어. 하지만 곱셈이나 나눗셈을 설명하기에는 맞지 않아.

수직선 모델

수직선 모델은 거의 모든 교과서에서 빠짐없이 선택되는 가장 인기 있는 모델이야. 몇 가지 계산 규칙을 이해하면 덧셈, 뺄셈, 곱셈까지 하나의 모델로 설명할 수 있어. 예를 들어 $3-7+2$는 원점에서 시작해 오른쪽으로 3칸 이동하고, 왼쪽으로 7칸 이동한 후 다시 오른쪽으로 2칸 이동하라는 뜻이야. 최종적으로 -2에 도착해서 $3-7+2=-2$가 되지. 즉 양수면 오른쪽, 음수면 왼쪽이라는 규칙으로 덧셈과 뺄셈을 빠르고 간편하게 계산할 수 있어. 곱셈은 덧셈의 반복을 간단히 표현했기 때문에 $(-2) \times 7$ 같은 경우에는 왼쪽으로 2칸씩 7번을 이동하는 것이라 할 수 있어. $(-2) \times 7 = -14$가 되는 거지. 하지만 $(-2) \times (-7)$과 같이 음수를 곱할 때는 다른 약속이 필요해. 음수를 곱하는 것은 방향을 바꾸는 신호로 약속하고, -2의 왼쪽 방향을 오른쪽 방향으로 바꾸는 규칙을 추가해야 해. 그래서 $(-2) \times (-7)$은 오른쪽으로 2칸씩 7번 이동해서 $(-2) \times (-7) = +14$가 되는 거야.

자연수에서의 규칙을 정수로 확장

음수를 만나기 전까지 사용하던 사칙연산 규칙을 음수에 그대로 적용하는 거야. 이러한 관점에서 규칙성을 파악하면서 연산의 방법을 정의할 수 있어.

$$
\begin{array}{lll}
(+3)+(+2)=+5 & (+3)-(+2)=+1 & (+3)\times(+2)=+6 \\
(+3)+(+1)=+4 & (+3)-(+1)=+2 & (+3)\times(+1)=+3 \\
(+3)+(+0)=+3 & (+3)-(+0)=+3 & (+3)\times(+0)=+0 \\
(+3)+(-1)=\cdots & (+3)-(-1)=\cdots & (+3)\times(-1)=\cdots \\
\quad\ \vdots & \quad\ \vdots & \quad\ \vdots
\end{array}
$$

옆 페이지의 표와 같은 규칙이 있을 때 −1과의 덧셈, 뺄셈, 곱셈은 어떻게 될지 생각해 볼까? 규칙성에 따라 $(+3)+(-1)=+2$, $(+3)-(-1)=+4$, $(+3)\times(-1)=-3$이 되겠지. 이러한 규칙을 일반화해 음수의 사칙연산 원리를 설명할 수도 있어.

이처럼 여러 모델들이 교과서에 등장하는 이유는 새로운 수인 음수의 연산 과정에 대해 올바르게 이해하기가 쉽지 않기 때문이야. 수학적 개념은 다양한 시각에서 다양하게 생각하는 과정을 통해 조금씩 형성되니까 다양한 모델을 통해 수의 특징을 새롭게 이해할 수 있도록 노력해 보자.

1. 다음 중 음수에 해당하는 수는?

① 0 　　　　② 2 　　　　③ –3 　　　　④ 3.5

2. (–3)–(–5)는 셈돌 모델로 어떻게 계산할까?

----

3. 다음 빈칸에 알맞은 말을 써 보자.

수직선 모델에서 –3은 원점에서 _____ 방향으로 _____ 칸 이동
한 것을 의미한다.

 더 알고 싶어 119　　📖도서 ▶영상 🔍사이트

📖 『**수와 문자에 관한 최소한의 수학지식**』(염지현, 가나출판사, 2017)
책의 내용을 참고해 온도계나 은행 잔액 등 실생활 속 음수의 예를 찾아보고, 이를
수직선 모델로 표현해 보자.

▶ **음수의 변명**
영상을 보며 음수가 만들어진 이유를 이해하고, 다양한 상황에서 음수를 설명할 수
있는 자신만의 모델을 만들어 보자.

풍선과 돌멩이로
음수를 배운다고?

단비 이야기를 통한 음수 사칙연산 정복하기

하늘로 오르고 싶은 마음씨 착한 단비의 마법 같은 여행에 함께해 볼까?
이야기를 읽으면서 음수의 세계를 탐험하다 보면 음수의 사칙연산 원리를
저절로 터득할 수 있을 거야.

학습 키워드   #음수 #정수의사칙연산 #스토리텔링
교과 연계   중1 > 정수와 유리수

한 마을에 착한 아이 단비가 살고 있었어. 대장 천사와 천사들은 하늘나라를 보고
싶어 하는 단비를 데려갈 방법을 고안해 냈어. 그 방법은 바로 단비에게 풍선을 달
아 주는 거였어. 풍선 한 개를 달아 주면 단비는 하늘로 한 칸 올라갔고, 세 개의 풍
선을 달아 주면 세 칸 올라갈 수 있었어. 이렇게 천사들의 도움으로 단비는 하늘나
라로 둥실둥실 올라갔지.

단비를 하늘로 떠오르게 하는 풍선은 좋은 영향을 끼치니까 양
의 부호로 나타낼 수 있어. 풍선 1개는 $+1$, 풍선 3개는 $+3$으로 나타
내는 거지. 그리고 단비에게 풍선을 달아 주는 것은 더하기($+$)를 이
용해 $+(+1)$처럼 풍선 한 개를 달아 주었다고 나타낼 수 있지. 그 결
과로 하늘로 1칸 올라갔으니까 $+(+1)$의 결과는 $+1$로 나타내지.
$+(+1)=+1$에서는 같은 양의 부호($+$)를 사용했지만 각각 '더하기',

'풍선', '하늘 방향으로'라는 뜻이야.

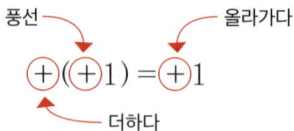

지옥에서 단비의 소식을 들은 악마들은 단비가 하늘나라의 아름다움을 친구들에게 전하면 모두 착한 일만 할 거라 생각하고 단비가 하늘나라에 오르지 못하도록 막으려고 했어. 악마들은 단비의 발에 돌멩이를 달아 주기로 했어. 돌멩이 하나를 달면 한 칸 내려오고 세 개를 달면 세 칸 내려왔어.

돌멩이는 단비에게 부정적인 영향을 끼치니까 음의 부호를 사용해서 나타내. 돌멩이 1개는 −1, 돌멩이 3개는 −3으로 말이야. 그리고 단비에게 돌멩이를 달아 주는 것은 (+)를 이용해 +(−3)처럼 돌멩이 3개를 달아 주었다고 나타낼 수 있어. 그 결과 땅으로 3칸 내려갔으니까 +(−3)의 결과는 +(−3)=−3으로 나타내는 거지. 만약 천사가 풍선을 3개 매달고, 악마가 돌멩이를 7개 매달았다면, +(+3)+(−7)로 나타낼 수 있고, 결과적으로 아래로 4칸 내려온 −4가 답이 되는 거야.

천사들과 악마들은 단비를 서로 자신이 원하는 곳으로 데려가기 위해 풍선과 돌멩이를 달며 바쁘게 움직였어. 그때 한 악마가 풍선 세 개를 끊자 단비가 땅으로 3칸 내려가는 것을 봤어. 이를 알게 된 악마들은 풍선을 끊어 단비를 땅으로 내려보내기 시작했지. 물론 천사들도 가만히 있지 않았어. 천사가 돌멩이 두 개를 끊자 단비가 하늘로 두 칸 올라갔어. 천사와 악마는 서로 돌멩이와 풍선을 끊기 시작했지.

풍선과 돌멩이를 달아 줄 때는 +(더하기)를 사용했어. 반대로 끊어 낼 때는 −(빼기)를 사용하면 돼. 다시 말해 풍선 3개를 끊는 것은

−(+3), 돌멩이 2개를 끊는 것은 −(−2)이지. 풍선 3개를 끊으면 땅으로 3칸 내려가니까 −(+3)=−3, 돌멩이 2개를 끊는 것은 하늘로 2칸 올라가니까 −(−2)=+2 야. 만약 천사가 풍선을 2개 매달고, 악마가 돌멩이 3개를 매달고, 천사가 돌멩이를 6개를 끊고, 악마가 풍선을 1개를 끊었다면 +(+2)+(−3)−(−6)−(+1) 로 나타낼 수 있고, 2칸 올라가고 3칸 내려가고 6칸 올라가고 1칸 내려가니까 결과적으로 4칸 올라갔다는 걸 알 수 있어. 따라서 +(+2)+(−3)−(−6)−(+1)=+4 가 되는 거지.

천사들은 단비에게 한 번 갈 때마다 여러 번 반복해서 풍선을 달거나 돌멩이를 끊었지. 풍선을 5개씩 3번 매달아 주거나, 돌멩이를 3개씩 4번 끊어 버린 거야. 그랬더니 단비는 각각 15칸과 12칸이 올라갔어.

반복해서 풍선을 다는 경우는 +, 반복하여 끊는 경우는 −를 이용해 곱하기로 연결하면 자연스럽게 음수의 곱셈을 이해할 수 있어. 위의 예에서 풍선을 5개씩(+5) 3번 매달아 주면(+3) 하늘로 15칸 올라가. (+5)×(+3)=+15. 돌멩이를 3개씩(−3) 4번 끊으면(−4) 하늘로 12칸 올라가지. (−4)×(−3)=+12. 돌멩이를 2개씩(−2) 4번 매달아 주면 (+4) 땅으로 8칸 내려오지. (−2)×(+4)=−8. 풍선을 4개씩(+4) 3번 끊으면(−3) 땅으로 12칸 내려오고 말이야. (+4)×(−3)=−12

풍선(+)과 돌멩이(−), 매달거나(+) 끊거나(−), 하늘로 올라가거나(+) 땅으로 내려오거나(−)를 생각하면 이제 음수가 포함된 수를 계산할 때 헷갈리지 않겠지? 나누기는 역수를 곱하는 것과 같으니까 $(a \div b = a \times \frac{1}{b})$ 곱하기로 바꿔서 생각하면 나눗셈도 실수하지 않고 계산할 수 있을 거야.

1. 다음 중 단비가 최종적으로 땅으로 2칸 내려가는 상황은?

① +(+2)+(−4)   ② −(+3)+(+5)

③ +(+4)−(−2)   ④ +(+1)+(−1)

2. 다음 빈칸에 알맞은 말을 써 보자.

> 돌멩이 3개씩 4번 끊은 경우 곱셈으로 나타내면 _____(이)고 결과는
> _____이다.

3. $(+2)−(−3)−(+2)+(−1)$을 단비 이야기를 이용하여 설명하고 답을 구해 보자.

 더 알고 싶어 119   📖 도서   ▷ 영상   🔍 사이트

📖 **『수학하는 즐거움 중학교 1학년』** (박진환, 수학사랑, 2025)
    책의 내용을 참고해 수의 연산에 대해 더 깊이 있게 이해해 보자.

▷ **정수와 유리수의 덧셈과 뺄셈**
    영상을 보며 정수와 유리수의 덧셈·뺄셈 과정을 관찰하고, 단비 모델로 그 원리를
    시각적으로 표현해 보자.

1+2+3+4+...+100도 간단히 쓸 수 있다고?

복잡한 식을 간단히 표현하게 만드는 수학 기호

복잡한 수학 계산을 마법처럼 단순하게 바꿀 수 있어.
복잡한 수와 식을 간단하고 아름답게 바꾸는 수학의 마법을 함께 탐구해 보자.

학습 키워드 #곱셈 #지수법칙 #기호생략 #시그마 #팩토리얼
교과 연계 중1 > 정수와 유리수   중1 > 문자의 사용과 식의 계산
          고1 > 공통수학 > 수열의 합

천사가 풍선을 2개 매달고, 악마가 돌멩이 3개를 매달고, 천사가 돌멩이를 6개를 끊고, 악마가 풍선 1개를 끊었다면 +(+2)+(-3)-(-6)-(+1)로 표현할 수 있어. 하지만 너무 복잡해 보이니까 '양의 부호'는 대부분 생략해서 나타내는 거야. '오늘 온도는 15도야.'라고 이야기하면 사람들은 영하 15도로 받아들이지 않아. 이처럼 양의 부호는 대부분 생략한다는 걸 기억해 둬.

다음으로 양의 부호를 생략해서 식을 간단히 만드는 방법을 생각해 보자. 생략이 가능한 건 양의 부호니까 음의 부호를 가지는 돌멩이를 양의 부호를 갖는 풍선으로 바꿀 필요가 있어. 돌멩이를 달아 주면 땅으로 내려가니까 풍선을 끊는 것과 같은 효과가 나타나는 거야. 마찬

가지로 돌멩이를 끊으면 하늘로 올라가니까, 풍선을 매다는 것과 같은 효과지.

천사가 풍선 2개를 매달고, 악마가 풍선 3개를 끊고, 천사가 풍선 6개를 매달고, 악마가 풍선 1개를 끊었어.

위 문장을 식으로 표현하면 다음과 같아.

$$+(+2)-(+3)+(+6)-(+1)$$

이제 여기서 풍선을 뜻하는 양의 부호(+)와 가장 앞에 더하기(+)를 생략하면 다음과 같이 간단하게 식을 나타낼 수 있어.

$$2-3+6-1$$

이렇게 나타내면 각 숫자 앞의 부호(없으면 +)를 보고 위아래를 쉽게 결정할 수 있어. 2칸 올라가고, 3칸 내려가고, 6칸 올라가고, 1칸 내려간다는 의미로 결국 단비는 4칸 올라가게 되니까 계산 결과는 4가 되는 거지.

수와 식을 간단하게 표현하기

이처럼 수학은 간단하게 표현할 수 있는 다양한 방법을 가지고 있어. 구구단은 같은 숫자를 한 번씩 더 더하는 일이야. 즉 $2 \times 5 = 2+2+2+2+2$이지. 마찬가지로 문자를 반복해서 더하는 것도 $a+a+a+a=4 \times a$와 같이 쓸 수 있어. 이때 기호를 생략해서 $4a$처럼 4와 a의 곱을 간단하게 나타내는 거지. 숫자와 문자 사이뿐만 아니라 문자와 문자 사이의 곱에서도 곱하기를 생략할 수 있어. $x \times y$는 xy로 쓸 수 있지. 이렇게 곱하기 기호를 생략하면서 보기 좋게 만들기 위해 몇 가지 약속을 하고 있어.

먼저 수와 문자의 곱에서는 수를 문자 앞에 쓰는 거야. 예를 들어 a×2는 a2가 아니라 2a로 써. 음수인 경우에는 x×(−3)을 x−3으로 곱하기를 생략해서 쓴다면 x에서 3을 빼는 것과 구분할 수 없으니까 숫자를 앞에 써서 −3x로 표시하면 간단하게 나타낼 수 있어. 그리고 문자와 문자 사이의 곱에서는 각 문자를 알파벳 순서로 쓰기로 약속했어. 예를 들어 b×x×c×y×e라는 식은 bcexy로 간단하게 표시할 수 있지. 만약 같은 숫자나 문자를 곱한 경우에는 거듭제곱을 이용해서 나타내면 더욱 간단히 나타낼 수 있을 거야. $2×2×a×a×a$와 같은 식은 2^2a^3처럼 나타낼 수 있어. 마지막으로 1 또는 −1과 문자를 곱한 경우 1을 생략해서 $1×a=a$, $(−1)×a=−a$, 처럼 나타낼 수 있단다.

곱셈 기호를 생략했다면 나눗셈 기호도 생략할 수 있을까? 우리는 나눗셈을 분수로 사용하는 일에 익숙하잖아. $1÷2$를 $\frac{1}{2}$로 쓰는 것처럼 문자 사이의 나눗셈도 $a÷b$를 $\frac{a}{b}$로 나타낼 수 있어. 곱셈 기호와 나눗셈 기호를 생략하면 $2×x×x×y-3÷(1+y)$와 같이 복잡한 식도 $2x^2y-\frac{3}{1+y}$처럼 간단하고 보기 좋게 만들 수 있지.

수학은 이처럼 기호를 생략하거나, 새로운 기호를 추가하면서 세련되고 간결하게 나타내는 것을 좋아해. 고등학교에 가면 $1+2+3+4+\cdots+100$을 시그마 Σ라는 기호를 사용해서 $\sum_{n=1}^{100}n$과 같이 간단하게 나타낼 거야. 더하기뿐만이 아냐. 1부터 100까지 모든 자연수를 곱하는 $1×2×3×\cdots×100$을 간단하게 100!(100 팩토리얼)로 나타내기도 해. 수학은 이처럼 기호로 세상을 더욱 간결하고 아름답게 만들어 주는 과목이야.

1. 다음 중 '곱셈 기호(×)'를 생략하여 올바르게 표현한 것은?

① a × 3 = a3

② x × (−2) = x−2

③ c × a × b =cba

④ 4 × x = 4x

2. 다음 식을 가능한 한 간단히 나타내 보자.

$$x \times x \times x \times x \times y \times y$$

3. 다음 빈칸에 알맞은 답을 써 보자.

1부터 5까지의 합은 시그마 기호를 이용하면 _____ (으)로 나타낼 수 있
고 1부터 5까지의 곱은 _____ (으)로 나타낼 수 있다.

 더 알고 싶어 119

도서 ▷영상 🔍사이트

📖 『읽자마자 원리와 공식이 보이는 수학 기호 사전』 (구로기 데쓰노리, 보누스, 2023)
책의 내용을 참고해 시그마(Σ) 기호의 의미를 이해하고, 복잡한 식을 간단한 식으
로 표현해 보자.

▷ **가우스와 등차수열의 합**
영상을 보며 가우스가 등차수열의 합을 구한 방법을 이해하고, 같은 원리를 적용해
다른 수열의 합도 스스로 계산해 보자.

야구선수의 타율에도 수학이 쓰인다고?

타율로 살펴보는 순환소수의 신비

야구장의 열기 속에 숨겨진 숫자의 비밀을 탐험해 볼까?
선수들의 타율 속에 숨겨진 수의 비밀, 순환소수의 신비에 대해 알아보자.

학습 키워드 #순환소수 #분수 #타율 #순환마디
교과 연계 초6 〉 비와 비율
　　　　　 중2 〉 유리수와 순환소수

야구는 숫자와 통계로 가득 찬 스포츠야. 선수들의 성적을 정밀하게 측정하고 비교할 때 수학이 큰 역할을 하고 있지.

만약 야구 감독이 좋은 타자를 영입하고 싶다면 선수들의 경기 기록을 검토해서 결정하면 돼. 전년도 야구 선수들의 성적은 다음과 같았어.

	가○○	나○○	다○○	라○○	마○○
안타	100	30	10	120	5
타수	270	90	70	400	28

위의 표만 보면 누가 더 좋은 타자인지 알기 어려워서 타율을 사용해야 해. 타율은 야구에서 선수가 얼마나 좋은 타격을 하는지 잘 나타

내는 수치야. 타율은 다음과 같이 계산하지.

$$타율 = \frac{(안타수)}{(타수)}$$

그런데 분수로 표현하면 비교하기가 어려우니까 소수로 나타내는 것이 좋아. 보통 야구에서는 소수점 아래 세 번째 자리까지 나타내지.

	가○○	나○○	다○○	라○○	마○○
안타	100	30	10	120	5
타수	270	90	70	400	28
타율	0.370	0.333	0.143	0.300	0.179

라○○ 선수의 타율처럼 0.3으로 딱 떨어지는 유한소수도 있지만, 다른 선수들의 타율은 소수점 아래의 0이 아닌 숫자가 무한 번 나타나는 무한소수로 표현돼.

$$\frac{100}{270} = 0.370370370370\cdots, \quad \frac{30}{90} = 0.33333333333\cdots,$$

$$\frac{10}{70} = 0.142857142857142857\cdots, \quad \frac{5}{28} = 0.17857142857142857142\cdots.$$

그런데 위 무한소수들은 자세히 살펴보면 놀라운 사실을 알 수 있어. 눈치챘겠지만 반복되는 숫자가 보이잖아. 우리는 이러한 소수를 '순환소수'라고 해. 이때 일정하게 되풀이되는 소수점 아래의 한 부분은 '순환마디'라고 하지. 수학에서는 반복되는 부분을 간결하게 표현하는 방법을 항상 찾아내지. 다음과 같이 순환마디의 양 끝 숫자 위에 점을 찍어서 간단히 표현할 수 있어.

$$0.370370370370\cdots = 0.\dot{3}7\dot{0}, \quad 0.33333333333\cdots = 0.\dot{3}$$
$$0.142857142857142857\cdots = 0.\dot{1}4285\dot{7}$$
$$0.17857142857142857142\cdots = 0.17\dot{8}5714\dot{2}$$

국제적으로 가장 많이 사용하는 표기 방법은 숫자 위에 수평선을 긋는 $0.\overline{370}$과 같은 방식이야. 분수를 소수로 바꿨을 때, 유한소수가 아닌 무한소수로 표현되는 경우는 모두 순환소수가 된다는 사실이 발견되기도 했어. 분수를 소수로 바꾸는 것은 사실 분자를 분모로 나누는 과정이잖아. 이때 분모에 따라 나올 수 있는 나머지는 한정적이야. 예를 들어 분모가 7이라면, 나머지로 나올 수 있는 숫자는 1, 2, 3, 4, 5, 6뿐이야. 즉 언젠가는 그림처럼 동일한 나머지가 나올 수밖에 없고, 이때부터 앞선 나눗셈의 과정이 반복되고 결과적으로 순환마디가 생겨날 수밖에 없는 거지.

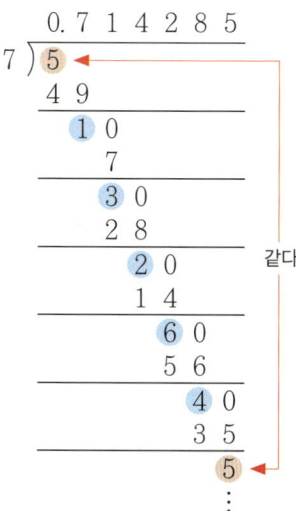

1. 다음 분수를 소수로 표현하였을 때, 순환소수로 표현되는 분수를 고르시오.

$$\frac{1}{2} \quad \frac{2}{3} \quad \frac{3}{4} \quad \frac{1}{5}$$

2. 다음 순환소수를 점을 찍어 표현해 보자.

$$0.2725252525\cdots$$

3. 분수를 소수로 바꿀 때 유한소수로 표현되는 분수는 어떤 특징이 있을까?

_____

_____

_____

_____

_____

_____

_____

 더 알고 싶어 119   📖 도서 ▶ 영상 🔍 사이트

📖 『박경미의 수학콘서트 플러스』 (박경미, 동아시아, 2013, 제5악장)
　　책의 내용을 참고해 타율 계산에 사용되는 분수와 비율의 개념을 이해하고, 실제
　　선수의 기록을 활용해 타율을 직접 계산해 보자.

▶ 순환소수의 성질-어떤 유리수가 순환소수가 되는가?
　　영상을 보며 순환소수가 만들어지는 원리를 이해하고, 순환소수를 분수로 바꾸어
　　표현해 보자.

0.999999…가 1이라고?

순환소수의 신비, 분수로의 전환

소수점 아래 순환마디가 무한히 반복되며 순환소수가 분수로 표현되는 과정을 통해
수학의 아름다움과 놀라움을 경험해 보자.

학습 키워드 #순환소수 #순환소수분수변환
교과 연계 중2 > 유리수와 순환소수

그렇다면 반대로 유한소수나 순환소수를 분수로 표현할 수 있을까?
유한소수를 소수로 표현하는 방법부터 살펴보자.

$\frac{1}{10}=0.1$, $\frac{1}{100}=0.01$, $\frac{1}{1000}=0.001$… 이니까 유한소수가 소수
점 아래 몇 번째 자리까지 쓰여 있는지 확인하는 것이 중요해. 예를 들
어 0.75는 소수점 아래 두 번째 자리까지 있으니까 분모를 100, 분자
를 75로 사용해서 $\frac{75}{100}$로 나타내는 거지. 수학은 간결하게 표현하는 것
을 좋아하니까 약분해서 기약분수로 나타내는 것이 더 좋아. 즉 $0.75=$
$\frac{75}{100}=\frac{3}{4}$와 같이 나타낼 수 있지.

다음으로 순환소수 $0.1\dot{2}\dot{3}$을 살펴보자. 이 순환소수를 풀어서 쓰
면 0.12323232323…이야. 그런데 유한소수를 분수로 표현하려면 분

모에 100000000000…을 써야 해. 분자에도 12323232323…을 계속 써야 하고 말이야. 그런데 소수점 아래 숫자가 끝없이 계속되어서 분모 분자에 끝없이 숫자를 써야 하는 상황이 생긴 게 가장 큰 문제야. 그래도 소수점 아래 숫자가 일관된 패턴으로 반복되는 건 반가운 소식이지. 이 패턴을 잘 이용하면 소수점 아래로 무한히 펼쳐지는 숫자의 반복을 없앨 수 있어. 우리가 구하고 싶어 하는 0.12323232323…을 잠시 ★ 이라고 해 볼게. 그리고 ★에 10배, 100배, 1000배를 하면,

$$★=0.12323232323\cdots$$
$$10×★=1.2323232323\cdots$$
$$100×★=12.323232323\cdots$$
$$1000×★=123.23232323\cdots$$

잠시 위 식을 살펴보면 소수점 아래 숫자가 모두 완벽하게 같은 두 식을 찾을 수 있어. 바로 10×★과 1000×★야. 그럼 1000×★에서 10×★를 빼면 소수점 아래의 모든 숫자가 사라지고 123－1＝122만 남게 돼. 우리가 그토록 원했던 소수점 아래 숫자를 없애는 데 성공했어. 하지만 우리가 구하고 싶었던 것은 ★였잖아.

$$\begin{array}{r} 1000×★=123.23232323\cdots \\ -\quad 10×★=\quad 1.23232323\cdots \\ \hline 990×★=122 \end{array}$$

122를 990으로 나눠야 ★을 구할 수 있어. $0.1\dot{2}\dot{3}＝★＝122÷990＝\dfrac{122}{990}＝\dfrac{61}{495}$가 되는 거지.

소수점 아래에 숫자가 끝없이 반복되는 순환소수를 분수로 나타낼

수 있다는 게 놀랍지 않니? 수학은 여기에서 멈추지 않아. 패턴을 찾아서 일반화된 공식을 만들 수 있거든.

10×★과 1000×★이 선택된 이유는 10×★은 소수점 아래 첫째 자리부터 순환마디가 반복되도록 만들기 위해서였고 1000×★는 소수점 아래 첫째 자리가 두 번째 순환마디부터 시작되게 하려고 선택된 거야. 1000×★－10×★의 계산 결과 나타난 990×★의 990은 놀랍게도 순환마디의 숫자 개수만큼 9가, 소수점 아래에 순환마디가 아닌 숫자만큼 0이 적히게 됐지. 그리고 계산 결과에서 확인한 것처럼 분자는 첫 번째 순환마디까지 숫자 배열(123)에서 순환하지 않는 부분의 수(1)를 빼 주면 돼.

예를 들어 $1.23\dot{4}56\dot{7}$이라는 순환소수가 있다면, 순환마디(4567)의 숫자 개수는 4개니까 9가 4개, 소수점 아래에 순환마디가 아닌 숫자(23) 개수는 2개니까 0이 2개 들어간 999900이 분모가 되는 거지. 그리고 분자는 첫 번째 순환마디까지의 숫자 배열(1234567)에서 순환하지 않는 부분의 수(123)를 빼 준 1,234,444가 되어서 기약분수로 나타내지 않은 상태로 순환소수를 분수로 표현하면 $\dfrac{1234444}{999900}$가 되는 거야.

1. 다음 빈칸에 알맞은 답을 써 보자.

> 순환소수 0.2727272727⋯ 에서 27처럼 반복되는 부분을
> _____ (이)라고 한다.

2. 순환소수 0.999999⋯ 가 1이 됨을 보여라.

3. 다음 순환소수를 분수로 표현해 보자.

> $0.2\dot{7}5\dot{1}$

 더 알고 싶어 119

📖도서 ▷영상 🔍사이트

📖 『**중학 수학의 모든 것**』(신지영, 꿈결, 2020)
책의 내용 중 유리수와 순환소수 부분을 찾아 읽으며, 개념을 스스로 정리해 보자.

▷ **순환소수를 분수로 나타내기**
영상을 보며 순환소수를 분수로 바꾸는 방법을 익히고, 0.999999⋯가 1과 같은
이유를 스스로 식으로 증명해 보자.

🔍 **순환소수 분수 계산기**
순환소수 분수 계산기를 이용해 여러 순환소수를 분수로 변환해 보자.

넓이 2인 정사각형의
한 변의 길이를 구할 수 있다고?

무리수로 확장하는 수학의 여정

'넓이가 2인 정사각형의 한 변의 길이는 얼마일까?'
이 간단해 보이는 질문 뒤에 숨겨진 수학적 진실을 탐험하면서 수학의 재미에 빠져 보자.

학습 키워드 #무리수 #제곱근 #루트 #실수 #도형의넓이
교과 연계 초4 〉 사각형   중3 〉 제곱근과 실수

도형의 넓이를 이해하려면 먼저 넓이가 무엇인지 알아야 해. 넓이는 어떤 평면도형이 차지하는 공간의 양을 말하는데 일상생활에서 땅의 크기를 구하거나 벽에 칠할 페인트 양을 계산할 때 사용되지.

넓이를 구하는 모든 공식은 길이 1인 정사각형을 기준으로 삼고 있어. 길이 1인 정사각형이 차지하는 공간의 양을 넓이 1이라고 약속하는 거지. 그래서 직사각형 넓이는 (가로)×(세로)로 계산해. 이렇게 하면 넓이 1인 정사각형이 몇 개만큼 차지하는지 쉽게 구할 수 있거든. 같은 생각으로 삼각형의 넓이는 $\frac{1}{2}$×(밑변)×(높이)가 돼. 삼각형은 사각형의 절반만큼 평면을 차지하기 때문이지.

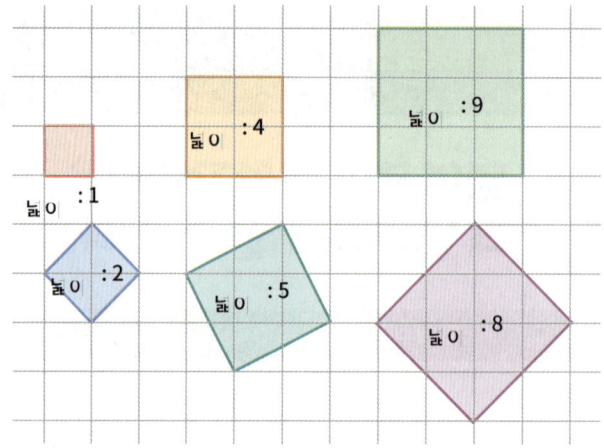

이제 격자를 이용해서 그릴 수 있는 정사각형들을 그려 볼까? 넓이가 10보다 작은 정사각형은 어떤 것이 있을까? 한 변의 길이를 1, 2, 3으로 하는 넓이 1, 4, 9인 정사각형은 쉽게 떠올릴 수 있어. 사각형을 조금 비틀면 넓이 2, 5, 8과 같은 정사각형도 그릴 수 있지. 격자점을 이용해서 그릴 수 있는 정사각형은 이렇게 6가지야. 어떤 양수에 대해서든 해당 넓이를 가지는 정사각형은 그릴 수 있어. 이를 그리려면 한 변의 길이가 필요해.

넓이 2인 정사각형의 한 변의 길이를 구해 볼까? 이 변의 길이를 x라고 하면 $x^2=2$가 되는 수를 구해야 해. 여기서 알 수 있는 것은 x는 1보다 크고 2보다는 작다는 거야. 정사각형의 넓이가 넓을수록 변의 길이는 더 길기 때문이지. 한 변의 길이가 1.4인 정사각형의 넓이가 1.96으로 2와 차이가 0.04밖에 안 나니까, x는 1.4와 가까울 것 같아. $1.41^2=1.9881$이니까 x는 1.41보다 크고, $1.42^2=2.0164$가 나오니까 x는 1.42보다는 작아. 따라서 x는 1.41로 소수점 아래가 시작되는 숫자라는 것을 확인할 수 있었어. 이러한 과정을 계속하다 보면

1.4142135623…이 나올 거야. 이렇게 하다 보면 소수점 아래로 숫자가 무한히 나타나게 되니까 그 길이를 소수로 표현하는 것은 불가능해. 수학에서는 이런 상황일 때 약속한 기호를 쓰는 해결책을 찾아냈어. 즉 제곱해서 2가 되는 수를 소수로 표현하면 너무 힘들고 복잡하니까, 간단하게 '제곱해서 2가 되는 수'라고 적고, 기호로는 $\sqrt{2}$라고 적기로 한 거야. 이는 제곱근 2 또는 루트 2라고 읽어. $x^2 = a(a > 0)$가 되는 x를 a의 제곱근이라고 부르는 거지. 이를 풀면 $x = \pm\sqrt{a}$야. 플러스와 마이너스가 하나로 합쳐져서 $+\sqrt{a}$ 또는 $-\sqrt{a}$를 뜻해. 보통 제곱근은 양수와 음수 2개를 가지잖아. 예를 들어 $x^2 = 4$가 되는 수는 2뿐만 아니라 -2도 있기 때문이야.

제곱근에는 재미난 성질들이 있어. $(\sqrt{a})^2 = a$는 너무나 당연하지. $\sqrt{a}$는 원래 제곱해서 a가 되는 수였으니까 $(\sqrt{a})^2$은 당연히 a가 되어야겠지? 우리가 알고 있던 기존의 수 체계인 유리수에는 $\sqrt{2}$와 같은 순환하지 않는 무한소수는 포함되어 있지 않았어. 소수로 표현할 때, 순환하지 않는 무한소수로 표현되는 특징을 갖는 수를 우리는 '무리수'라고 불러. 유명한 무리수에는 원주율(π)과 자연로그를 정의하는 상수(e) 등이 있어. 그리고 유리수와 무리수를 통틀어서 '실수real number'라고 하지. 유리수만으로 충분할 줄 알았던 수직선에 수없이 많은 빈틈이 있었고, 이를 무리수가 채워 준다는 사실은 신비로운 일이 아닐 수 없어.

1. $\sqrt{10}$의 근삿값을 소수점 아래 첫 번째 자리까지 구해 보자.

2. 모든 수의 제곱근은 2개 존재할까?

더 알고 싶어 119

📖 도서 ▶ 영상 🔍 사이트

📖 『재밌어서 밤새 읽는 수학 이야기』 (사쿠라이 스스무, 더숲, 2013)
'무리수는 비율에 맞지 않는 무리한 수?' 파트를 읽어 봐. 책의 설명을 바탕으로 넓이가 2인 정사각형의 한 변 길이를 수직선이나 그래프로 표현해 보고, 이 값이 무리수임을 직접 정리해 보자.

▶ 위험한 발견
영상을 보며 넓이가 2인 정사각형의 변 길이가 왜 무리수가 되는지 이해하고, 피타고라스 학파의 이야기에서 느낀 점을 간단히 정리해 보자.

$\sqrt{2} + \sqrt{3}$ 은 $\sqrt{5}$ 가 아니라고?

사칙연산의 원리를 찾아서

제곱근이 포함된 수를 어떻게 더하고, 빼고, 곱하고, 나눌 수 있을까?
제곱근의 성질을 하나씩 이해하면서 사칙연산의 원리를 탐구해 보자.

학습 키워드 #제곱근 #사칙연산 #루트 #근호
교과 연계 중3 〉 제곱근과 실수

제곱근이 포함된 수는 어떻게 계산할까? 예를 들어 $\sqrt{2} + \sqrt{3}$ 은 $\sqrt{5}$ 가 되지 않아.

넓이: 2

넓이: 3

넓이: 5

앞의 그림처럼 넓이 2인 정사각형과 넓이 3인 정사각형을 나란히 붙이고 아래에 넓이 5인 정사각형을 붙여 보면 $\sqrt{2}+\sqrt{3}$과 $\sqrt{5}$가 다른 값임을 쉽게 확인할 수 있어. 넓이가 5인 정사각형의 한 변 길이가 $\sqrt{5}$이고, 넓이 2인 정사각형과 넓이 3인 정사각형의 한 변의 길이를 각각 더한 것이 $\sqrt{2}+\sqrt{3}$이기 때문에 $\sqrt{2}+\sqrt{3} \rangle \sqrt{5}$가 되는 거야.

사실 $\sqrt{2}+\sqrt{3}$은 더 이상 간단히 나타낼 수 없기 때문에 $\sqrt{2}+\sqrt{3}$로 할 수밖에 없어. 그래서 단순히 반복적인 덧셈만 간단히 나타낼 수 있지. 예를 들어 $\sqrt{2}+\sqrt{2}+\sqrt{2}$는 $\sqrt{2}$를 3번 더한 값이니까 곱셈을 해서 $3 \times \sqrt{2}$로 나타낼 수 있고, 간단히 $3\sqrt{2}$로 쓸 수도 있어. 따라서 $2\sqrt{3}+3\sqrt{3}$ $=5\sqrt{3}$과 같이 계산할 수 있고, 근호 안의 수가 서로 같은 경우에만 간단히 정리해서 $2\sqrt{3}+3\sqrt{2}-\sqrt{3}+2\sqrt{2}$는 $(2-1)\sqrt{3}+(3+2)\sqrt{2}$로 생각해서 $\sqrt{3}+5\sqrt{2}$로 계산할 수 있어.

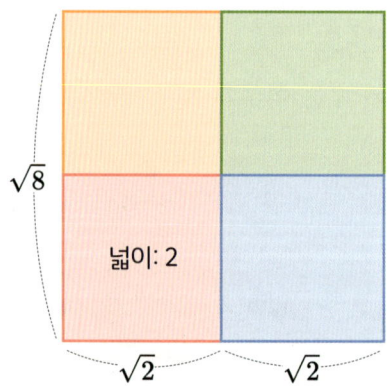

문자를 사용한 식의 계산과 거의 같아 보이지만 제곱근의 독특한 성질로 인해 주의해야 할 점이 있어. 넓이 2인 정사각형 4개를 위 그림처럼 붙여 놓으면 넓이 8인 큰 정사각형이 생기지. 넓이 8인 정사각형의 한 변 길이는 $\sqrt{8}$이고, 이 길이는 넓이 2인 정사각형의 한 변 길이의

2배와 같아. 즉 $\sqrt{8}=2\sqrt{2}$가 되는 거지. 따라서 단순히 근호 안의 숫자가 다르다고 계산하지 않으면 안 되는 거야. 예를 들어 $\sqrt{8}-\sqrt{2}$는 근호 안의 숫자가 다르지만 $2\sqrt{2}-\sqrt{2}=\sqrt{2}$가 되기 때문이지.

그럼 어떻게 간단히 계산할 수 있을까? 먼저 제곱근이 포함된 수의 곱셈을 알아야 해. 다행히 $\sqrt{2}\times\sqrt{2}$는 $\sqrt{6}$이야. $\sqrt{6}$이 된다는 것은 제곱근의 정의에 따라 제곱해서 6이 되는 양수를 뜻하지. 그럼 $\sqrt{2}\times\sqrt{2}$가 $\sqrt{6}$이 되려면 $\sqrt{2}\times\sqrt{3}$을 제곱해서 6이 되는지 확인하면 충분해.

$$(\sqrt{2}\times\sqrt{3})^2=\sqrt{2}\times\sqrt{3}\times\sqrt{2}\times\sqrt{3}=\sqrt{2}\times\sqrt{2}\times\sqrt{3}\times\sqrt{3}$$
$$=(\sqrt{2})^2\times(\sqrt{3})^2=2\times3=6$$

위와 같이 $(\sqrt{2}\times\sqrt{3})^2$은 6이니까 $(\sqrt{2}\times\sqrt{3})=\sqrt{6}$이야. 이를 일반화시키면 $\sqrt{a}\times\sqrt{b}=\sqrt{ab}$로 나타낼 수 있어. 그럼 다시 $\sqrt{8}$로 돌아와 보자. 앞에서 다뤘던 소인수분해와 연결 지으면 $\sqrt{8}=\sqrt{2}\times\sqrt{2}\times\sqrt{2}$로 생각할 수 있고 $\sqrt{2}\times\sqrt{2}=2$니까 $\sqrt{8}=2\sqrt{2}$로 나타낼 수 있지. 따라서 $\sqrt{12}+\sqrt{27}$을 보고 근호 안의 숫자가 서로 다르다고 계산을 멈추는 것이 아니라 $a\sqrt{b}$의 꼴로 바꿀 수 있는지 생각해야 해.

$$\sqrt{12}+\sqrt{27}=2\sqrt{3}+3\sqrt{3}=5\sqrt{3}$$

1. $\sqrt{2} + \sqrt{2} + \sqrt{3} + \sqrt{3} - \sqrt{5}$ 를 간단히 나타내 보자.

2. $\sqrt{50} - \sqrt{18}$ 을 간단히 나타내 보자.

3. $\sqrt{\bigcirc} + \bigcirc\sqrt{\bigcirc} - \sqrt{\bigcirc} = 2\sqrt{3} + \sqrt{5}$ 가 되도록 ○의 값을 채워 보자.

 더 알고 싶어 119

도서 ▷영상 Q사이트

📖 『**수학이 막히면 깨봉 수학**』 (조봉한, 매경주니어북스, 2021)
책의 예시를 참고해 제곱근이 같은 수끼리만 더할 수 있는 이유를 이해하고, 비슷한 형태의 제곱근 덧셈 문제를 직접 만들어 보자.

▷ **제곱근의 나눗셈**
영상을 보며 제곱근의 나눗셈 규칙을 익히고, 분모의 제곱근을 유리화하여 계산하는 과정을 스스로 정리해 보자.

A4 용지에
$\sqrt{2}$ 가 관련 있다고?

종이와 수학의 아름다운 조화

세상에는 많은 표준이 있어.
그중에서도 우리가 자주 접하는 A4 용지 뒤에 숨겨진 이야기는 정말 놀라워.
A4 용지가 갖는 독특한 수학적 비율과 그 비율이 우리 생활 속에서
어떻게 활용되는지 함께 탐구해 보자.

학습 키워드　#A4용지 #종이규격 #분모의유리화 #무리수
교과 연계　초6 〉 비례식과 비례배분
　　　　　　　중3 〉 제곱근과 실수

　　A4 용지에도 수학의 원리가 숨어 있다는 사실 알고 있었니? 예전에는 나라마다 종이 규격이 모두 달라서 많은 종이가 낭비되었어. 그래서 독일이 표준화된 규격을 정하자고 제안했고, 낭비를 줄이기 위해 종이를 반으로 잘라도 가로, 세로의 비가 일정하게 만들기로 했지. 그리고 그 넓이가 $1m^2$가 되는 종이를 A0라고 하고, A0를 반으로 나누면 A1, A1을 반으로 나누면 A2가 되는 식으로 만들었지. 즉 A0 한 장으로 A4 16장을 만들 수 있었어.

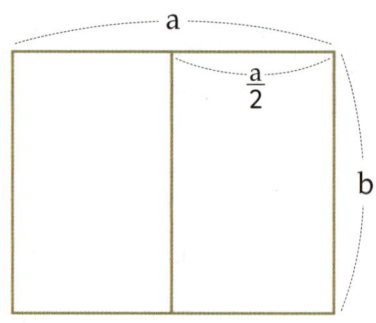

그렇다면 반으로 잘라도 가로 세로의 길이 비를 일정하게 만들려면 가로와 세로의 비율은 어떻게 되어야 할까? 가로의 길이가 a, 세로의 길이가 b인 직사각형이 있다고 가정해 볼게. 이를 반으로 잘라서 생긴 작은 직사각형은 긴 변의 길이가 b, 짧은 변의 길이가 $\frac{a}{2}$가 되겠지? 이때, 큰 직사각형과 작은 직사각형의 길이 비가 일정해야 하니까, 다음과 같이 비례식을 세울 수 있어.

$$a:b = b:\frac{a}{2}$$

비례식에서 내항의 곱과 외항의 곱이 같다는 성질을 이용하면 $a^2 = 2b^2$이 되겠지? 양변에 근호를 씌워주면 $a = \sqrt{2}b$가 되고 $\frac{a}{b} = \sqrt{2}$가 되는 거지. 즉 짧은 변의 길이에 $\sqrt{2}$를 곱하면 긴 변의 길이가 나오는 거야.

A0 용지의 규격을 찾기 위해 가로와 세로를 곱하면,

$1m^2 = 1000000mm^2$가 나와야 해. 하지만 $\sqrt{2}$는 알다시피 무리수라서 정확하게 $1000000mm^2$를 맞출 수는 없어. mm단위에서 가장 근접하게 맞춰 사용하는 A0 용지의 크기는 841mm×1189mm야. 이 값은 $999949mm^2$으로 $1m^2$에 매우 가까운 값이지. 참고로 우리가 자주 사용하는 용지에는 B로 시작하는 것도 있어. 이 중 B0는 짧은 변의 길이를 1000mm로 정하고 긴 변의 길이를 $\sqrt{2}$(약 1.414)배 한

1414mm로 사용하는 용지 규격이야. $1:\sqrt{2}$의 비율을 가지니까 B0를 반으로 자르면 동일한 비율을 가지는 B1용지 2장을 얻을 수 있어.

A3 크기의 인쇄물을 A4 크기로 축소해서 복사할 때 그 비율은 어떻게 구할까? 길이의 비율이 $\sqrt{2}:1$이라 $\sqrt{2}$로 나누면 돼. 즉 $\dfrac{1}{\sqrt{2}}$의 값을 곱해 주는 거지. 하지만 $\sqrt{2}$가 무리수라 정확한 계산이 불가능해서 근삿값을 사용해야 해. $\sqrt{2}$의 근삿값은 1.414이고, $1 \div 1.414$를 계산하면 돼. 만약 더 정확한 $\dfrac{1}{\sqrt{2}}$의 값을 구하려면 어떻게 해야 할까? 맞아. 더 정확한 근삿값을 이용하면 돼. 예를 들어 1.41421356237309와 같은 근삿값을 이용해 나눗셈을 계산하면 더욱 정확한 근삿값을 찾을 수 있지. 하지만 $1 \div 1.414$를 직접 계산해 보면 나누는 수가 소수점 아래 3번째 자리까지 나오는 걸 알 수 있어. $1 \div \sqrt{2}$를 계산하는 일은 나누는 수인 $\sqrt{2}$가 무리수라서 실제로 직접 계산하는 것은 불가능에 가까워. 이 문제를 해결하기 위해 분모를 간단히 할 수 있는 '분모의 유리화'라는 방법을 찾았어.

분수의 성질과 제곱근의 성질을 이용하면 의외로 간단해. 분모 분자에 모두 $\sqrt{2}$를 곱하면 $\dfrac{1}{\sqrt{2}} = \dfrac{1 \times \sqrt{2}}{\sqrt{2} \times \sqrt{2}} = \dfrac{\sqrt{2}}{2}$가 되거든.

이제 $1 \div 1.41421356237309$ 대신 $1.41421356237309 \div 2$를 계산하면 돼. 직접 해 보면 알겠지만, 두 번째 계산이 훨씬 쉽고 간단해.

1. 다음 문장이 맞으면 O, 틀리면 X라고 표시해 보자.

> A2 용지로 A5 용지 6장을 만들 수 있다. (   )

2. 인쇄 용지의 가로 세로 비율을 1:$\sqrt{2}$로 정한 이유는 무엇일까?

----

3. $\dfrac{1}{\sqrt{2}+1}$은 어떻게 유리화할까?

 더 알고 싶어 119

📖 도서 ▶ 영상 🔍 사이트

📖 『**수와 문자에 관한 최소한의 수학지식**』(염지현, 가나출판사, 2017)
　A4 용지와 관련된 책 속 내용을 확인하며 무리수에 대해 깊이 있게 이해해 보자.

▶ **A4 용지의 비밀**
　영상을 보며 A4 용지의 비율이 $\sqrt{2}$로 정해진 이유를 이해하고, 이를 통해 분모의
　유리화가 필요한 상황을 찾아보자.

진로 119

암호학 연구원

우리는 매일 인터넷으로 메시지를 보내고, 쇼핑을 하고, 중요한 정보를 주고받고 있지. 그런데 누군가 그 정보를 몰래 볼 수 있다면 어떨까? 바로 이러한 위험으로부터 우리를 지켜 주는 숨은 영웅이 있는데, 그것이 바로 암호학이야. 암호학 연구원들은 보이지 않는 곳에서 우리의 정보를 안전하게 지키는 일을 하고 있지. 암호학 연구원에 대해서 자세히 알아보자.

암호학이란 무엇일까?

암호학은 정보를 안전하게 보호하는 기술이야. 고대 로마의 카이사르 암호부터 오늘날 우리가 인터넷 뱅킹을 할 때 사용하는 복잡한 알고리즘에 이르기까지, 암호학은 오랜 역사를 갖고 있지. 암호학의 목적은 정보를 볼 수 있는 사람만 이해할 수 있도록 하는 거야. 암호학은 개인 메시지부터 국가 기밀까지 다양한 정보를 보호하는 데 사용되고 있어.

암호학 연구원이 되는 길

암호학 연구원이 되려면 수학과 컴퓨터 과학을 깊이 이해해야 해. 특히 대수학, 확률론, 정보 이론 같은 수학의 다양한 분야를 공부해야 하지. 또한 코딩을 배우고, 복잡한 수학 문제를 풀면서 논리적 사고력을 키우는 것도 좋아.

암호학 연구원의 업무

암호학 연구원은 다양한 보안 문제를 해결하기 위해 새로운 암호 체계를 연구하고 개발하고 있어. 예를 들어 인터넷 거래에서 정보를 안전하게 주고받기 위해, 또는 기업의 중요한 데이터를 해커로부터 보호하기 위해 암호학이 필요해. 암호학 연구원들은 복잡한 알고리즘을 만들고 테스트하면서 정보가 안전하게 보호될 수 있도록 노력하고 있어.

암호학과 관련된 직업들

암호학 연구원 외에도 보안 분야에는 다양한 직업이 있어. 예를 들어 암호 분석가는 암호 체계의 취약점을 찾아내고, 보안 컨설턴트는 기업이나 정부 기관의 정보 보안 정책을 개발해. 소프트웨어 개발자는 보안이 중요한 소프트웨어를 만들어 내지.

암호학의 미래와 진로 가능성

기술이 발전하면서 암호학의 역할은 더욱 중요해지고 있어. 특히 양자 컴퓨터의 등장은 암호학에 더 큰 도전의 기회를 제공할 거야. 이러한 변화에 대비하려면 수학과 컴퓨터 과학의 기본을 탄탄히 하고, 새로운 지식을 계속 배워 나가는 것이 중요해.

2부

문자와 변화의 세계

수학에서 문자는 언제 사용할까?

일상 상황에서 발견하는 대수의 기초

햄버거 가게에서 돈 버는 이야기를 살펴보면서 변수와 상수의 개념에 대해 배워 보자.
변하는 수와 고정된 수가 어떻게 사용되는지,
이를 식으로 아름답게 표현하는 방법도 살펴볼 거야.

학습 키워드   #변수 #상수 #대입 #식의 값
교과 연계   중1 〉 문자의 사용과 식의 계산

    햇살이 쏟아지는 아침, 동네에서 가장 인기 있는 햄버거 가게의 문이 활짝 열렸어. 사장님은 앞치마를 두르고 햄버거를 만들기 위한 재료를 준비했지. 햄버거는 행복 버거와 사랑 버거 2종류가 있어. 하루 종일 맛있는 햄버거를 만들고 나면 사장님은 항상 오늘의 수익을 계산했지.

    행복 버거 한 개가 팔릴 때마다 1,200원, 사랑 버거 한 개가 팔릴 때마다 1,500원의 수익이 생겼어. 항상 밝은 미소로 손님을 대하는 아르바이트생에게 시간당 12,000원을 지급하고, 가게 임대료로 매일 30,000원을 건물주에게 내야 해. 지난 일주일간 햄버거 가게의 상황을 정리하니 다음과 같았어.

요일	월요일	화요일	수요일	목요일	금요일	토요일
행복 버거 판매량	80	45	50	80	50	120
사랑 버거 판매량	60	50	40	100	20	80
아르바이트 근무 시간	4	4	2	3	8	8
건물 임대료	30,000	30,000	30,000	30,000	30,000	30,000

햄버거 가게의 수익은 (버거 판매로 얻은 이익) - (아르바이트생 급여) - (임대료)로 계산할 수 있어. 조금 더 세부적으로 작성하면 다음과 같이 계산할 수 있지.

> $1,200 \times$ (행복 버거 판매량) $+1,500 \times$ (사랑 버거 판매량) $-$
> $12,000 \times$ (아르바이트생 근무 시간) $-30,000$

예를 들어 월요일에는 행복 버거 판매로 96,000원(1,200원 × 80개)과 사랑 버거 판매로 90,000원(1,500원 × 60개)을 벌었어. 아르바이트생에게 48,000원(12,000원 × 4시간)과 임대료 30,000원을 지급해서 108,000원(96,000+90,000-48,000-30,000)의 수익이 났지. 다른 요일도 이와 마찬가지로 계산할 수 있어.

이때 계산에 사용한 값들 중에서 계속 변하는 값과 고정된 값을 구분해 보자. 먼저 고정된 값은 버거가 한 개 팔릴 때마다 남는 수익 1,200원, 1,500원, 아르바이트생에게 시간당 지급해야 하는 비용 12,000원, 임대료 30,000원이 있어. 고정된 값은 '상수'라고 하고, 변하지 않는 값을 나타내지. 이와 반대로 매일 변하는 값이 있어. 각 버거의 판매량, 아르바이트생 근무 시간과 같은 값은 변할 수 있는 요소라서 '변수'라고 불러.

변수를 이용하면 식을 간단하고 정확하게 표현할 수 있어. 그러려면 먼저 변수를 정의해야 해. 위 문제의 변수는 총 3가지야.

행복 버거 판매량: a,   사랑 버거 판매량: b,   아르바이트 근무 시간: c

이를 바탕으로 햄버거 가게의 수익을 식으로 표현하면 다음과 같아.

$$(수익) = 1200a + 1500b - 12000c - 30000$$

이 식을 이용해서 수요일의 수익을 구해 볼까? 수요일은 $a=50$, $b=40$, $c=2$가 되고, 식의 a, b, c의 위치에 해당하는 숫자를 넣어서 계산하면 돼. 즉 $1200 \times 50 + 1500 \times 40 - 12000 \times 2 - 30000$을 계산해서 구한 수익은 66,000원이야. 이처럼 주어진 식의 문제에 수를 대입해서 얻은 값을 '식의 값'이라고 해.

1. 다음 빈칸에 알맞은 답을 써 보자.

> '변하지 않는 수'를 수학에서는 _____,
>
> '변할 수 있는 수'를 _____(이)라고 부른다.

2. 토요일의 수익을 계산해 보자.

---

3. 문자를 사용하여 나타냈을 때 좋은 상황을 생각한 다음 문자로 표현해 보자.

 더 알고 싶어 119

📖 도서 ▷ 영상 🔍 사이트

📖 『**수와 문자에 관한 최소한의 수학지식**』(염지현, 가나출판사, 2017)
책의 내용을 참고해 수 대신 문자를 사용하는 이유를 생각해 보고, 문자를 이용해 다양한 상황을 식으로 표현해 보자.

▷ **문자와 식이 없었다면?**
영상을 보며 문자가 수학에서 어떤 역할을 하는지 이해하고, 문자가 없을 때 계산이 얼마나 불편한지 예를 들어 설명해 보자.

🔍 **풍선팡팡 식의 값**
사이트의 활동을 통해 문자가 포함된 식의 값을 계산해 보자.

왜 하필 미지수를 x로 정했을까?

미지수와 방정식 세계로의 탐구

변하지 않는 값과 달리, 상황에 따라 변할 수 있고 아직 정의되지 않은 값을 미지수라고 표현하지. 이를 통해 방정식을 구성하기도 해. 방정식은 수많은 문제를 해결하는 열쇠이고 해답을 찾는 과정은 수학의 핵심 중 하나야. 지금부터 우리가 자주 사용하는 미지수의 의미와 방정식을 풀어 나가는 흥미로운 과정을 함께 알아보도록 하자.

학습 키워드 #미지수 #방정식의 역사 #등식의 성질
교과 연계 중1 〉 문자의 사용과 식의 계산
중1 〉 일차방정식

아직 정해지지 않았거나, 변하는 값은 변수라고 해. 이와 비슷하게 아직 알고 있지 못한 값은 '미지수'라고 하지. 미지수는 변수와 달리 단지 모르는 수이고 값을 알아내고 싶은 수야. 예를 들어 ★+3=5에서 ★을 미지수라고 해. ★은 당연히 2겠지. 즉 미지수는 '아직 모르는 수'라는 뜻이야. 미지수가 포함된 등호가 있는 식을 '방정식'이라고 불러. 그리고 ★=2를 찾아내는 과정을 방정식을 푼다고 하고, 찾은 2를 방정식의 '해' 또는 '근'이라고 이야기하지.

미지수는 주로 x로 표현하곤 해. 처음으로 미지수를 사용한 것은 17세기 프랑스의 수학자 데카르트였어. 당시에는 책을 만들기 위해 알파벳을 새긴 뒤 잉크를 묻혀 책을 찍었는데 다른 알파벳보다 x의 사용

량이 적어서 데카르트의 원고를 조판하던 식자공이 x를 미지수로 사용하자고 제안했다고 해. 또 다른 설은 페르시아의 수학자 알-콰리즈미가 아랍어로 무엇인가를 뜻하는 shei의 음역인 xei의 첫 글자를 본떠서 미지수를 x로 나타냈다는 거야.

9세기 무렵의 페르시아 사람들은 방정식의 해를 구하기 위해 미지수에 숫자를 하나씩 대입해서 확인했다고 해.

★+3=5에서 ★에 2를 넣었더니 좌변과 우변의 값이 같아져서 참이 된다는 것을 직접 확인한 거야. 이렇게 일일이 숫자를 대입하면서 푸는 일은 시간이 오래 걸리지. 이때 수학자 알-콰리즈미가 양팔 저울과 같은 천칭을 보고 방정식의 풀이 방법을 떠올렸어. 양팔 저울이 평형을 이루게 하는 상황과 비슷하게 식을 변형한 거지. 즉 우리가 학교에서 배운 등호(=)가 바로 그거야. 저울의 양쪽에 같은 무게를 동시에 더하거나 빼거나, 같은 수를 곱하거나 나누면 저울의 균형은 깨지지 않아. 이러한 사실을 이용해서 다음과 같은 방정식을 쉽게 계산할 수 있었던 거야.

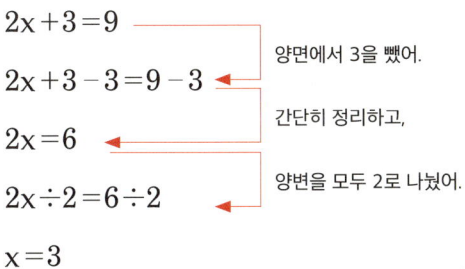

$$2x+3=9$$
$$2x+3-3=9-3$$ 양면에서 3을 뺐어.
$$2x=6$$ 간단히 정리하고,
$$2x \div 2=6 \div 2$$ 양변을 모두 2로 나눴어.
$$x=3$$

방정식에는 여러 종류가 있어. 2x+3=9와 같은 방정식을 '일차방정식'이라고 해. 차수는 방정식 내에서 미지수의 거듭제곱의 지수 중 가장 큰 값을 뜻해. 이에 따라 방정식의 이름을 붙이는 거지. $2x+3=9$ 는 미지수가 포함된 항이 x뿐이고 x의 지수가 1이니까 일차방정식이고, $3x^2-x+1=0$에서 미지수가 포함된 항은 $3x^2$과 $-x$인데 이 중 지수가 가장 큰 항은 $3x^2$으로 지수가 2니까 '이차방정식'이라고 부르는 거야. 방정식에 미지수가 항상 하나만 존재하는 것은 아니야. 예를 들어 $x+y=5$와 같은 방정식은 미지수가 2개인 일차방정식이라고 불러. $x+y=5$를 만족하는 해는 무수히 많아. $x=1$이고 $y=4$이면 만족하는 해가 되잖아. 이를 간단히 순서쌍을 이용해 (1, 4)로 나타내 볼게. 추가로 (2, 3), (3, 2), (4, 1)이 해가 된다는 걸 쉽게 확인할 수 있어. 하지만 (5, 0), (6, -1), (7, -2), (0.1, 4.9) 등 무수히 많은 해가 있을 수 있어. 방정식의 해는 일차방정식처럼 유일한 해를 가지기도 하지만, 미지수가 2개인 일차방정식처럼 무수히 많은 해를 가지기도 해.

방정식이 가져야 할 필수 요소는 2가지야. '미지수'와 '등호($=$)'. 그리고 미지수에 따라 등호가 성립하거나(참), 성립하지 않게 되는(거짓) 등식을 방정식이라고 해.

방정식은 우리 사회의 여러 문제를 해결하는 일과 직접적으로 연결되어 있어. 이를 잘 배우기 위해서는 몇 가지 용어를 알아 두는 게 좋아. 등호의 왼쪽 부분을 '좌변', 오른쪽 부분을 '우변'이라고 하고, 좌변과 우변 모두를 '양변'이라고 해. 방정식을 해결하려면 문자와 차수가 각각 같은 항끼리만 정리할 수 있는데, 이러한 항을 '동류항'이라고 불러. 동류항을 간단히 정리하면 방정식을 계산할 수 있지.

1. 다음 빈칸에 알맞은 답을 써 보자.

> 방정식에서 등호 왼쪽을 _____, 오른쪽을 _____(이)라 부르며
> 둘을 합쳐 _____(이)라 한다.

2. 다음 일차방정식을 풀어 보자.

$$5x - 7 = 2x + 11$$

----

3. 2가 해가 되는 삼차방정식 하나를 만들어 보자.

 더 알고 싶어 119

📖 도서 ▷ 영상 🔍 사이트

📖 『10대에게 권하는 수학』(이동환, 글담, 2021)
  책의 내용 중 미지수가 등장하는 챕터를 찾아보고, 문자에 대해 깊이 있게 이해해
  보자.

▷ 문자의 사용
  영상을 보며 문자를 이용해 문제를 간단히 표현하는 방법을 이해하고, 실생활 속
  상황을 방정식으로 나타내 보자.

$x + y + xy + x^2 + y^2$은 더 이상 간단히 할 수 없다고?

대수 막대와 동류항의 이해

복잡한 수학식을 간단하게 만들고 싶은 생각은 누구나 한 번쯤 해 봤을 거야.
이때 주의하지 않으면 오류를 범할 수 있어. 동류항의 개념을 정확히 이해하면
이러한 실수를 줄일 수 있지. 이번 시간에는 동류항을 대수 막대 모델을 사용해서 설명해 볼게.

학습 키워드 #대수막대 #동류항 #식의계산
교과 연계 중1 〉 문자의 사용과 식의 계산
중2 〉 식의 계산

조금만 식이 길어지고 복잡해 보일 때 간단히 만든다고 식을 변형하다가 실수를 하기도 하지. 동류항이 뭔지 정확히 이해하면 이러한 실수를 줄일 수 있어.

동류항이 뭔지 설명하기 위해 넓이가 1인 정사각형 대수 막대를 다음과 같이 만들었어.

두 정사각형은 모두 가로와 세로 길이가 1이고, 파란색 정사각형은 +1을, 빨간색 정사각형은 −1을 나타내지.

그러면 넓이가 x인 막대를 만들려면 어떻게 해야 할까? 가로의 길이를 1, 세로의 길이를 x로 두면 돼. 이번에도 파란색은 x를, 빨간색은 −x를 나타내는 거야.

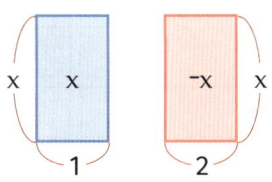

이 x 막대들을 이용해서 $2(-x-3)+(3x+1)$를 간단히 나타내 보자. 덧셈을 기준으로 2개의 막대 주머니가 있다고 볼 수 있어. 첫 번째 주머니 $2(-x-3)$은 $-x-3(\ \square\ \square\ \square\ )$이 2번 더해진 것으로 $\square$ $\square\square\square\square\square\square$이 들어 있고 두 번째 주머니 $3x+1$에는 $\square\square\square$ $\square$가 들어 있어. 두 주머니를 더하라고 했으니까, $\square\square$ $\square\square\square$ $\square$ $\square\square$ $\square$가 함께 들어 있는 거지. 이때 $\square$과 $\square$은 만나면 없어져. $1-1=0$이기 때문이지. 마찬가지로 $\square$과 $\square$도 만나면 없어져. 결국 바구니에 남아 있는 것은 다음과 같아.

남아 있는 대수 막대를 표현하면 $\square$ 2개, $\square$ 5개가 있다고 할 수 있어. $\square$와 $\square$는 색과 모양이 달라서 없앨 수 없어. 이를 식으로 표현하면 $2x-5$가 되는 거야. 이처럼 모양이 같은 대수 막대끼리는 간단히 할 수 있다는 것이 동류항의 개념이야.

다른 막대도 만들어 볼까? y막대를 만든다면 가로의 길이를 1, 세로를 y로 두면 돼. 이때 x막대와 구별하기 위해서 길이를 조금 더 짧게 만들었어. 그리고 추가로 xy막대와 x^2, y^2 막대도 만들면 다음과 같아.

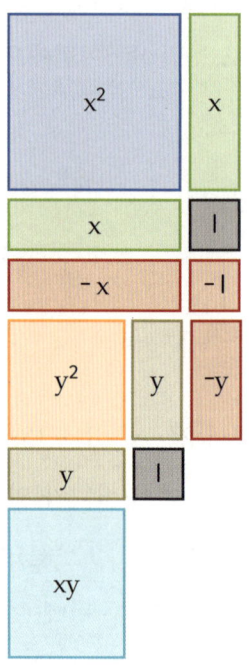

$x+y+xy+x^2+y^2$을 대수 막대를 이용해 나타내면 다음과 같이 놓을 수 있지.

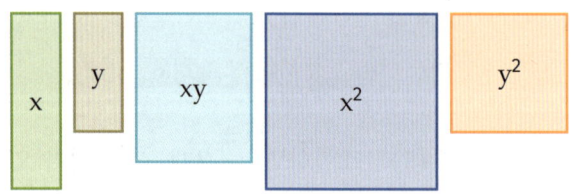

이 그림은 x막대 1개, y막대 1개, xy막대 1개, x^2막대 1개, y^2막대 1개씩 있는 거야. $x+y+xy+x^2+y^2$은 이미 잘 정리된 식이고, 더 이상 간단히 정리할 수 없는 식이지.

문자와 차수가 동일한 항들을 동류항으로 분류한 이유가 바로 이러한 이유 때문이야. 문자나 차수가 서로 다르면 전혀 다른 막대가 생기고 서로 다른 막대를 하나의 막대로 이름 붙일 수 없기 때문이지. 예를 들어 흔히 하는 실수가 3+x를 3x라고 대답하는 경우가 있는데 3+x는 ☐☐☐☐을 뜻하고, 3x는 ☐☐☐을 뜻하니까 전혀 다른 막대의 모임인 거지. 같은 모양의 막대들만 간단히 정리할 수 있다는 사실, 즉 동류항끼리만 계산할 수 있다는 사실을 절대 잊으면 안돼.

1. 다음 빈칸에 알맞은 답을 써 보자.

서로 같은 문자와 차수로 이루어진 항을 _____(이)라고 한다.

2. 다음 식을 간단히 정리해 보자.

$$2x + 3x - x$$

3. 다음 식에서 동류항끼리 분류해 보고 식을 간단히 만들어 보자.

$$2x + 3y - 2y + 3x^2 - x^2$$

 더 알고 싶어 119　　　📖 도서　▶ 영상　🔍 사이트

📖 **『중학 수학의 모든 것』** (신지영, 꿈결, 2020)
　　동류항의 개념과 문자 사용에 대해 자세히 알아보자.

▶ **일차식의 덧셈과 뺄셈, 동류항끼리 통해요**
　　영상을 보며 식을 더하고 빼는 과정도 따라 해 보고, 마지막에는 스스로 만든 식을
　　동류항끼리 묶어 정리해 보자.

나도 MIT에
갈 수 있다고?

방정식의 역사와 수학적 탐구

방정식 문제는 150년 전 MIT의 입학시험에도 등장했고,
이보다 훨씬 오래된 고대 이집트의 파피루스에도 기록이 있을 정도로 역사가 오래되었어.
방정식의 발전을 통해 수학적 문제를 해결했던 사람들의 발자취를 따라가 보자.

학습 키워드 #방정식 #MIT입학시험
교과 연계 중1 > 일차방정식

메사추세츠 공과대학교**MIT**는 세계적으로 유명한 대학으로, 과학, 기술, 공학 및 수학 분야에서 최고의 교육을 제공하는 대학이야. 1861년에 설립된 MIT는 전 세계에서 가장 유명한 과학 및 기술 분야의 선도적인 교육기관으로 자리 잡았어. MIT에서는 수학을 모든 과학과 기술의 기초로 보고 있어. 수학이 복잡한 문제를 분석하고 해결하는 도구로 사용되기 때문에, 기본적인 수학 개념을 이해하고 활용하는 능력은 MIT 학생으로서 반드시 갖춰야 할 필수적인 자질 중 하나야.

약 150년 전 MIT의 대수 문제에 다음과 같은 문제가 출제됐어.

$$\frac{3x-4}{2} - \frac{6x-5}{8} = \frac{3x-1}{16}$$

지금은 중학교 1학년만 되면 이 방정식을 손쉽게 계산할 수 있지만 불과 150년 전만 해도 매우 적은 지식인들만 해결할 수 있는 문제였어.

계산을 간단히 하기 위해 분수를 없애자. 그래서 2, 8, 16의 최소공배수인 16을 양변에 곱하고 동류항을 정리했어.

$$8(3x-4)-2(6x-5)=3x-1$$
$$24x-32-12x+10=3x-1$$
$$12x-22=3x-1$$

이제 문자는 좌변, 상수항은 우변으로 옮겨서 정리하고 양변을 x의 계수로 나누어 해를 구하면 돼.

$$12x-3x=-1+22$$
$$9x=21$$
$$x=\frac{21}{9}=\frac{7}{3}$$

과거 세계 최고 대학교의 수준이었던 내용이 이제는 중학교 1학년 과정에서 다뤄지고 있다는 것은 수학의 발전 속도가 그만큼 빠르다는 것을 뜻해. 단순해 보이는 일차방정식도 문자를 사용하고, 등호를 사용하고, 음수를 이해하고, 음수를 포함한 사칙연산의 식으로 정리되기까지 여러 과정을 거치며 천천히 만들어졌어. 너희는 수백 년 혹은 수천 년에 걸쳐 조금씩 만들어진 과정을 압축적으로 배우고 있는 거야. 수학이 어렵게 느껴지는 건 어쩌면 당연한 거지.

기원전 1650년경의 이집트 린드 파피루스에는 11개의 일차방정식 문제가 나오는데, 그중 하나를 소개할게.

'어떤 수에 그 수의 $\frac{1}{7}$을 더하면 24가 된다.'

이 문제를 지금 풀면 어떻게 해야 할까? 어떤 수를 미지수 x로 표현하고 식을 세우면 $x+\frac{1}{7}x=24$가 돼. 이제 양변에 7을 곱해서 $7x+x=168$이 되고, $8x=168$, $x=21$이 나오지. 하지만 과거에는 미지수나 등식을 사용하지 못했어. 그저 적당히 가정해서 풀어보고 틀리면 다시 답을 수정하곤 했지. 예를 들어 어떤 수를 먼저 7이라고 생각하고, 7과 7의 $\frac{1}{7}$을 더하면 8이 되잖아. 24는 8의 3배니까, 어떤 수는 임시로 가정했던 7의 3배, 즉 21이 되어야 해. 이런 방법은 고대 이집트에서 시작되어 유럽에서 꽤 오랫동안 사용되었어.

문제를 지금처럼 효과적으로 푸는 방법을 알지는 못했지만, 수학을 진정으로 사랑했던 사람들은 많았어. 수학 문제를 만들고 푸는 것에 재미를 느끼고, 수학으로 세상을 바라보면서 대화를 나눈 기록들이 많이 발견되었지. 우리도 그런 재미를 느끼면서 수학을 공부하면 좋겠어. 하나의 문제를 끙끙거리며 풀다가 겨우겨우 맞췄을 때 느끼는 희열, 수학적인 시선으로 바라보면서 세상의 새로운 아름다움을 느끼는 감동, 번뜩이는 아이디어로 새로운 개념을 발견하는 '아하'의 순간 등을 느끼며 수학을 배우게 되길 바랄게.

1. 일차방정식을 풀려면 식을 변형할 필요가 있어.

$\dfrac{x}{2} + \dfrac{3}{8} = \dfrac{5}{16}$ 의 양변에 16을 곱해 보자.

----

2. 다음 글의 디오판토스의 묘비에 적힌 문제를 방정식으로 해결해 보자.

> 수학을 사랑했던 그리스의 수학자 디오판토스는 죽을 때까지 수학과 함께했다. 방정식을 좋아한 디오판토스는 자신의 묘비에 다음과 같은 글을 남겼다. 디오판토스는 과연 몇 살까지 살았을까?
>
> "그는 인생의 (6분의 1)을 소년으로 보냈고, 인생의 (12분의 1)을 청년으로 보냈다. 다시 (7분의 1)이 지난 뒤 그는 결혼했고, 결혼한 지 5년 만에 아들을 얻었다. 그러나 그의 아들은 아버지의 반밖에 살지 못했다. 아들을 먼저 보내고 깊은 슬픔에 빠진 그는 그 뒤 4년간 수학에 몰입하여 스스로를 달래다가 일생을 마쳤다."

 더 알고 싶어 119

📖 도서 ▶ 영상 🔍 사이트

📖 『이런 수학은 처음이야 4』 (최영기, 21세기북스, 2024. "1강")
책의 내용을 참고해 방정식이 처음 등장한 역사적 배경을 알아보고, 옛 수학자들이 문제를 해결한 방법을 오늘날의 방식과 비교해 보자.

▶ 방정식의 역사 - 디오판토스의 묘비
디오판토스의 묘비 속 수학 문제를 풀어보고, 그 과정에서 방정식의 개념이 어떻게 발전했는지 정리해 보자.

좌표평면이
파리와 관련이 있다고?

데카르트와 좌표평면의 발견

데카르트는 침대에 누워서 천장의 무늬를 관찰하다가 세상을 변화시킬 기발한 아이디어를 떠올렸어. 바로 좌표평면의 발견이야. 그의 관찰과 생각이 어떻게 현대 수학과 과학에 큰 영향을 미쳤는지, 좌표평면을 통해 복잡한 문제를 어떻게 해결할 수 있는지 알아보자.

학습 키워드 #좌표평면 #순서쌍 #함수
교과 연계 초6 〉 여러 가지 그래프
중1 〉 좌표평면과 그래프   중3 〉 이차함수와 그래프

데카르트는 1596년 프랑스에서 태어나 수학, 철학, 과학에 걸쳐 엄청난 영향을 끼친 사람이야. 그는 특히 "나는 생각한다, 고로 존재한다."라는 명제로 잘 알려졌어. 그의 수학적 업적, 특히 좌표계의 발견은 현대 수학과 과학에 지대한 영향을 미쳤지. 데카르트는 침대에 누워서 천장의 무늬를 관찰하다가 좌표계를 발견했어. 천장 위를 이리저리 날아다니는 파리를 보면서 파리의 위치를 수로 표시할 수 있을 거란 생각을 한 거야. 그 결과 서로 똑바로 교차

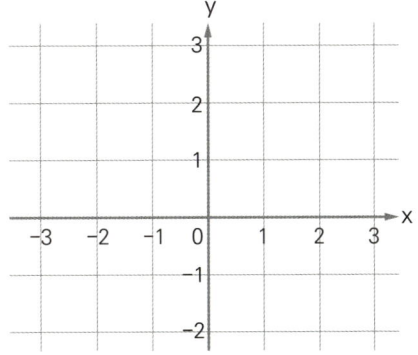

하는 두 수직선을 이용한 좌표평면이 탄생했어. 가로 방향의 수직선은 x축, 세로 방향의 수직선은 y축이라 하고, 그 교점은 원점이라고 해. 그렇다면 데카르트는 이것을 이용해 어떻게 파리의 위치를 나타내려고 했을까? 그는 원점을 기준으로 가로와 세로 방향으로 각각 파리가 이동한 거리를 순서쌍으로 나타냈어. 예를 들어 원점에서 왼쪽으로 3칸, 위로 2칸에 있으면 $(-3, 2)$와 같이 나타내는 거지.

좌표평면은 복잡한 개념과 계산을 눈으로 보기 편하게 만들어서 우리가 문제를 더 쉽게 이해하고 해결할 수 있도록 도와줘. 예를 들어 중학교 3학년에서 자주 다뤄지는 "지면에서 초속 50m로 쏘아 올린 물체의 x초 후의 높이를 $(50x - 5x^2)$라고 한다."와 같은 문장만 보면 어떤 상황인지 상상하기가 어렵잖아. 하지만 시간을 x, 높이를 y로 그린 좌표평면에 나타내면 그 뜻을 파악하기가 훨씬 쉬워지지. 쏘아 올려

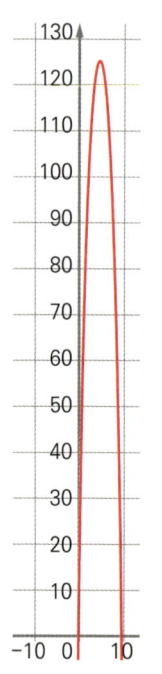

진 물체는 5초 만에 가장 높은 125m에 도달하고 10초가 되면 다시 땅에 떨어지는 걸 알 수 있어. 이처럼 데카르트는 현실의 문제를 식으로, 그 식을 그래프로 나타낼 수 있게 해 주어서 수학과 과학 발전에 큰 영향을 끼쳤지. 이처럼 x에 따른 y 사이의 관계를 나타낸 것을 '함수'라고 해.

함수의 함(函)은 사물함, 우편함 등에 사용되는 '상자'라는 뜻이야. 따라서 함수는 '상자 숫자'라고 생각하면 돼. 숫자를 넣으면 적절하게 계산해서 새로운 숫자를 만들어 내는 거지. 예를 들어 제시된 통계의 높이도 x에 5를 대입하면 $125m(50 \times 5 - 5 \times 5^2)$가 나오고, 10을 대입하

면 0m($50 \times 10 - 5 \times 10^2$)가 나오는 함수로 생각할 수 있어.

학교에서 정비례, 반비례, 일차함수, 이차함수, 유리함수, 무리함수, 지수함수, 로그함수, 삼각함수 등 정말 다양한 함수를 배울 거야. 복잡하고 어려워 보이는 문제도, 함수로 표현하고 그래프로 나타낼 수 있다면 쉽게 해결할 수 있어.

좌표평면의 발견은 이러한 다양한 함수를 발견할 수 있게 했고, 이러한 함수를 기존의 도형과 연결 지어 생각할 수 있게 만들었어. 데카르트 이후 발달한 수학은 도형을 문자와 식으로 해석할 수 있게 도와주었지. 예를 들어 원이나 타원 같은 도형의 면적을 구하는 문제에서, 특정 함수를 적분해서 도형의 면적을 정확하게 구할 수 있게 된 거야. 따라서 고대부터 수학자들이 자세히 알고 싶어 했던 원주율 π를 쉽게 찾을 수 있는 다양한 공식들을 발견할 수 있었어. 많은 수학자들이 다양한 방식을 찾았는데, 그중 제임스 그레고리의 발견은 다음과 같아.

$$\frac{\pi}{4} = 1 - \frac{1}{3} + \frac{1}{5} - \frac{1}{7} + \frac{1}{9} \cdots$$

분자가 1이고 분모가 2씩 커지는 분수를 더하고 빼고를 반복하면 원주율의 $\frac{1}{4}$이 나온다는 게 참으로 신기하지 않니? 천장의 파리를 보다가 떠오른 아이디어가 수학을 크게 발전시킨 걸 보면, 일상 속의 사소한 호기심이 얼마나 중요한지 새삼 깨달을 수 있을 거야.

1. 다음 점들을 차례대로 좌표평면에 찍으며 각 점을 선으로 연결하여 어떤 그림이 그려지는지 확인해 보자.

> $(0, 3)$, $(1, 1)$, $(3, 1)$, $(1.5, -1)$, $(2.5, -3)$, $(0, -2)$, $(-2.5, -3)$
>
> $(-1.5, -1)$, $(-3, 1)$, $(-1, 1)$, $(0, 3)$

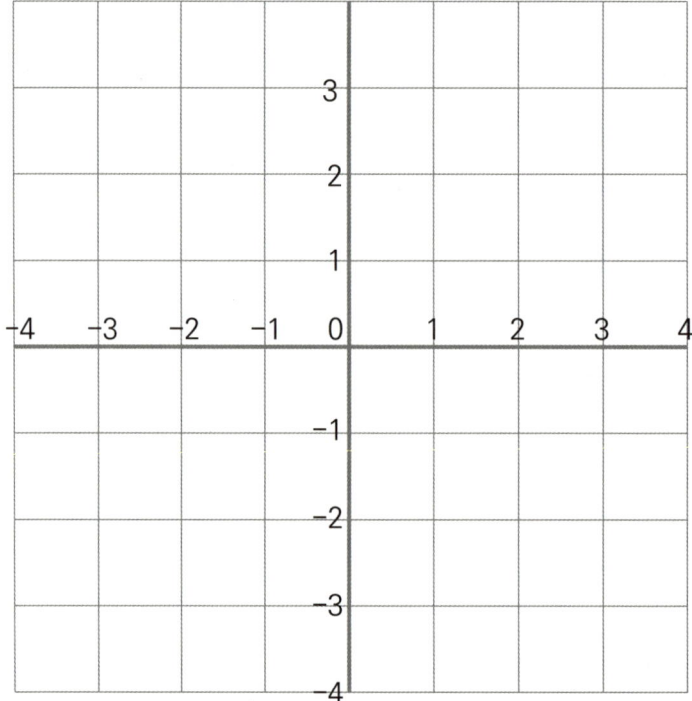

 더 알고 싶어 119

📖 도서 ▷ 영상 🔍 사이트

📖 『함수, 통계, 기하에 관한 최소한의 수학지식』 (염지현, 가나출판사, 2017)
데카르트가 좌표를 도입한 이유를 생각하며 좌표평면이 문제 해결에 어떤 도움을 주는지 정리해 보자.

▷ **원주율 계산하는 특별한 방법**
좌표를 활용해 문제를 표현하는 데카르트의 아이디어를 떠올리며, 여러 방식으로 원주율을 구하는 영상 속 탐구 과정을 비교해 보자.

🔍 **순서쌍을 입력하여 오목 두기**
순서쌍을 직접 적어 가며 돌을 놓으며 친구와 오목게임을 해 보자.

이차함수에 일차함수가 숨겨져 있다고?

실생활 속에서 좌표평면과 함수 발견하기

너희 앞에 세 개의 수조가 있다고 상상해 봐. 같은 시간 동안 물이 차오르지만, 각 수조의 물 높이는 다르게 변할 거야. 이 차이를 이해하기 위해 우리는 데카르트가 발견한 좌표평면과 함수의 개념을 이용할 거야. 좌표평면에 표현된 그래프를 통해 정비례, 일차함수, 이차함수의 특성을 어떻게 관찰하고 학습할 수 있는지 알아보자.

학습 키워드	#함수 #일차함수 #이차함수
교과 연계	초6 〉 여러 가지 그래프
	중1 〉 좌표평면과 그래프 중2 〉 일차함수 중3 〉 이차함수와 그래프

너희 앞에 세 개의 수조가 있어. 일정하게 물이 나오는 수도에서 물을 채웠더니 10초 후에 각각 20cm, 20cm, 21cm의 물이 차올랐어.

A 수조	B 수조	C 수조
원기둥 형태의 수조로 처음에는 물이 없었음.	직육면체 수조로 처음에는 5cm의 물이 이미 있었음.	원뿔대를 엎어 놓은 모양의 수조로 처음에는 물이 없었음.
10초 후 20cm	10초 후 20cm	10초 후 21cm

A 수조와 B 수조는 기둥 모양으로 시간에 따라 물의 높이가 일정하게 증가했지만 C 수조는 좁은 부분에 물이 차오르는 속도가 빨랐고 위로 갈수록 물이 천천히 차올랐어. 이를 표로 정리하면 다음과 같아.

	0초	1초	2초	3초	4초	5초	6초	7초	8초	9초	10초
A 수조	0	2	4	6	8	10	12	14	16	18	20
B 수조	5	6.5	8	9.5	11	12.5	14	15.5	17	18.5	20
C 수조	0	3	5.8	8.4	10.8	13	15	16.8	18.4	19.8	21

이제 이 점들을 좌표평면에 찍고 그래프로 나타내 보면, x초 후의 각 수조의 높이를 y로 좌표평면에 나타낸 그래프와 같아.

3개의 수조는 중학교 1, 2, 3학년에 차례로 배우는 함수의 그래프야. A 수조는 정비례, B 수조는 일차함수, C 수조는 이차함수지(실제 관찰하면 이차함수를 따르지 않지만 가상의 데이터로 이차함수를 따르게 만들어 두었어). 정비례는 A 수조와 같이

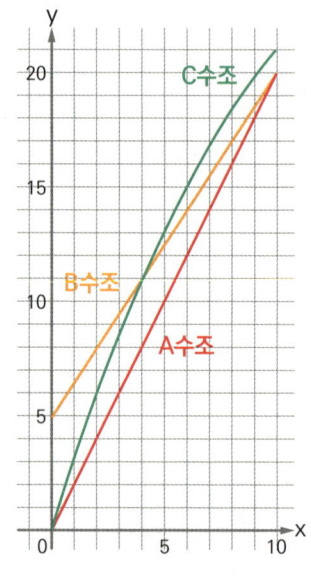

x의 값이 2배, 3배, 4배 될 때 y의 값도 동일하게 2배, 3배, 4배 되는 관계를 말해. 식으로 표현하면 $y=ax$로 나타낼 수 있고, A 수조는 $y=2x$로 나타낼 수 있어. 따라서 정비례는 항상 원점을 지나게 되지. x에 0을 대입하면 항상 y는 0이 나오기 때문이야. 이러한 정비례 그래프를 원점에서 떼어 내면 일차함수가 돼. $y=ax$의 그래프를 위아래로 이동해

그린 그래프가 $y=ax+b$의 그래프이고, 이는 일차함수야. B 수조의
경우 $y=1.5x+5$로 나타낼 수 있어. 일차함수와 정비례는 깊은 관련이
있어. 가장 중요한 특징은 바로 모두 직선으로 그려진다는 거지. 직선
으로 그려지는 이유는 수조의 높이가 일정하게 변하기 때문이야. 하지
만 수조의 면적이 넓은 기둥은 천천히 차오를 것이고, 반대로 좁은 수
조는 빨리 차오를 거야. 바로 이것이 직선의 기울기를 결정해. 그리고
이 값은 바로 A 수조에서의 2와 B 수조에서의 1.5의 값과 연결되지. A
수조는 초당 2cm씩 물이 차올랐고, B 수조는 초당 1.5cm씩 물이 차오
른 것이 x의 계수인 a에 반영된 거야.

C 수조는 물이 처음에는 빠르게, 나중에는 천천히 차올랐어.

C수조	0		3		5.8		8.4		10.8		13		15		16.8		18.4		19.8		21
변화량		3		2.8		2.6		2.4		2.2		2		1.8		1.6		1.4		1.2		

높이의 변화량을 구해 보니 계속 0.2씩 일정하게 줄어드는 것을 확
인할 수 있었어. 일정하게 변화하는 것은 바로 일차함수의 관계를 가지
는 거야. 변화량이 일차함수의 관계를 맺는 함수는 바로 이차함수이지.
실제로 C 수조의 x초 후의 높이를 y라고 할 때 $y=0.1x^2+3.1x$로 나
타낼 수 있어.

함수를 공부할 때 y의 변화량을 유심히 관찰하고 살펴보는 게 좋
은 공부 방법이라는 걸 잊지 마.

1. B 수조는 처음에 5cm의 물이 있었고 초당 1.5cm씩 물이 증가했어. 이 수조의 물 높이를 시간 x초 후 높이 y로 나타낸 일차함수의 식은?

2. 다음 문장이 맞으면 O, 틀리면 X라고 표시해 보자.

C 수조처럼 이차함수 그래프는 변화량이 항상 일정하므로 그래프는 직선이다.

(   )

3. 세 수조의 15초 후의 높이는 어떻게 될까?

 더 알고 싶어 119

📖 도서   ▶ 영상   🔍 사이트

▶ **우주로 가는 열쇠, 함수**
일상과 과학 속에서 달라지는 양을 함수로 표현하는 장면을 보며, 어떤 상황이 입력과 출력의 관계로 설명될 수 있는지 찾아보자.

🔍 **그래픽 계산기(지오지브라)**
지오지브라로 좌표를 입력하며 그래프가 만들어지는 과정을 직접 확인해 보자.

Week4 ● 18일차

년 월 일

물건의 적정가격은 얼마일까?

연립일차방정식을 이용한 수요-공급 균형 찾기

좌표평면에 그래프를 나타내고 연립방정식을 통해
수요와 공급의 균형점을 찾아가는 과정을 통해
붕어빵의 최적 가격을 구하는 여정을 함께 해 보자.

학습 키워드 #연립일차방정식 #수요와공급 #선형회귀

교과 연계 중1 〉 일차방정식   중2 〉 일차함수와 그 그래프   중2 〉 연립일차방정식
중2 〉 일차함수와 일차방정식의 관계

붕어빵을 팔기로 결심한 지우는 소비자와 판매자에게 설문 조사를 해서 붕어빵 가격이 300원, 500원, 700원일 때의 수요와 공급을 조사했어.

붕어빵 1개 가격(원)	100	200	300	400	500	600	700	800	900
소비자 예상 수요(개)			700		500		300		
판매자 예상 공급(개)			500		600		700		

지우는 소비자의 수요와 판매자의 공급이 일치하는 적정가격이 가능한 지점을 찾고 싶었어. 하지만 설문 조사한 붕어빵 가격에서는 수요와 공급이 정확하게 일치하지 않았어. 지우는 사람들의 수요는 가격이 비싸질수록 일정하게 줄어들 것이고, 판매자의 공급은 가격이 비싸질수록 일정하게 더 많아질 거라 생각했어. 이처럼 상황의 일부를 바탕으로 전체를 직선으로 단순화해서 생각하는 방식을 '선형회귀'라고 해. 선형회귀는 인공지능 개발의 가장 기초가 되는 원리이기도 하지. 자료를 살펴보니 가격이 100원 변할 때마다 수요는 100개씩, 공급은 50개씩 변한다는 것을 다음 표처럼 예상할 수 있었어.

붕어빵 1개 가격(원)	100	200	300	400	500	600	700	800	900
소비자 예상 수요(개)	900	800	700	600	500	400	300	200	100
판매자 예상 공급(개)	400	450	500	550	600	650	700	750	850

여전히 예상 수요와 예상 공급이 일치하는 값이 없어서 좌표평면에 나타내 봤더니 예상 수요와 예상 공급이 같아지는 지점이 보였어. 대략 400원에서 500원 사이였지. 정확한 값을 알고 싶다면 방정식을 만들어 계산할 필요가 있어. 붕어빵 가격을 x, 개수를 y라고 할 때 예상 수요와 예상 공급은 각각 다음과 같이 나타낼 수 있어.

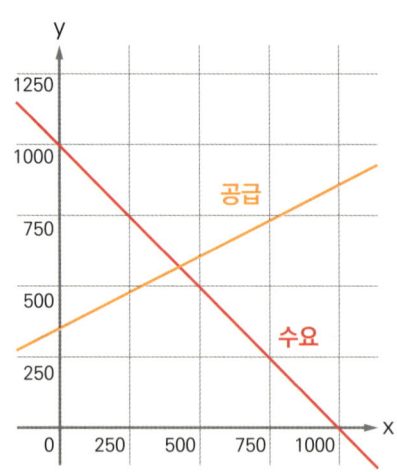

$$\text{예상 수요} : y = -x + 1000$$
$$\text{예상 공급} : y = \frac{1}{2}x + 350$$

수요와 공급이 일치하는 붕어빵 가격과 개수는 어떻게 구할 수 있을까? 우리가 구하려고 하는 것은 좌표평면에 그려진 두 그래프가 만나는 교점의 좌표야. 만약 두 교점의 좌표가 (a, b)라면 예상 수요의 식과 예상 공급의 식에 대입한 두 식이 모두 다음과 같이 등호가 성립하게 돼.

$$b = -a + 1000, \quad b = \frac{1}{2}a + 350$$

우변이 모두 b와 같으니까 우변끼리는 같겠지? 다시 말해

$$-a + 1000 = \frac{1}{2}a + 350 \qquad\qquad b = -\frac{1300}{3} + 1000 = \frac{1700}{3}$$
$$\frac{3}{2}a = -650$$
$$a = \frac{1300}{3}$$

이 되어서 붕어빵 가격은 약 433원, 붕어빵 개수는 약 567개에서 안정화된다는 것을 확인할 수 있었어.

붕어빵의 수요와 공급 직선의 교점을 구하는 것처럼 서로 다른 두 방정식의 교점을 구하는 것을 연립방정식을 푼다고 해.

수학은 이처럼 일상의 문제를 해결하는 데도 큰 도움을 줘. 문제 상황을 숫자와 문자로 간결하게 나타내고, 좌표평면에 그린 다음 방정식을 해결하면 정확한 해를 찾을 수 있지. 너희도 해결하고 싶은 문제가 있다면 한번 이렇게 해결하도록 노력해 봐.

1. 다음 두 연립방정식을 해결해 보자.

(1) $\begin{cases} y = 3x + 3 \\ y = 2x - 1 \end{cases}$

----

(2) $\begin{cases} 2x + 3y = 19 \\ x - 2y = -1 \end{cases}$

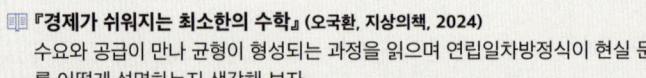

더 알고 싶어 119   📖도서 ▷영상 🔍사이트

📖 **『경제가 쉬워지는 최소한의 수학』** (오국환, 지상의책, 2024)
수요와 공급이 만나 균형이 형성되는 과정을 읽으며 연립일차방정식이 현실 문제를 어떻게 설명하는지 생각해 보자.

▷ **예측도우미, 함수**
영상을 보며 변화하는 양을 함수로 나타내는 아이디어를 이해하고, 수요와 공급 상황을 함수 형태로 표현해 보자.

🔍 **연립방정식 승부차기**
연립방정식 문제를 해결하며 승부차기에서 이겨 보자.

손해 보지 않는 판매 가격은 어떻게 정할 수 있을까?

인수분해를 활용한 붕어빵 가격 설정의 비밀

손해를 보지 않는 붕어빵 가격을 찾기 위해 지우는 다양한 수학적 접근법을 시도했어.

그 과정에서 인수분해라는 새로운 수학 도구를 만나게 되었지.

인수분해는 우리가 이차방정식을 해결할 수 있도록 도와줄 거야.

학습 키워드 #이차방정식 #인수분해 #이차함수

교과 연계 중1 〉 일차방정식   중3 〉 다항식의 곱셈과 인수분해   중3 〉 이차방정식
              중3 〉 이차함수와 그 그래프

    대략적인 붕어빵의 적정가격을 계산한 지우는 장사를 시작하기로 마음먹었어. 시장조사 결과 붕어빵 반죽과 팥 앙금, 가게 임대료 등을 모두 계산했을 때, 하루 평균 97,500원이 필요하다는 것을 확인했지. 그리고 장사하기로 점찍어 둔 지역 인근의 붕어빵 가게의 붕어빵 가격과 하루 평균 판매 개수를 조사해 보았어. A 가게는 1개에 300원 하는 붕어빵을 하루 평균 500개 팔았어. B 가게는 1개에 500원 하는 붕어빵을 하루 평균 300개 팔았지. 이런 정보를 바탕으로 지우는 붕어빵 가격을 얼마로 정해야 손해를 보지 않으면서 장사를 할 수 있을지 생각했어. 가게 오픈 초기에 최대한 저렴한 가격으로 인지도를 높여야겠다고 생각했기 때문이야.

    붕어빵 가격이 오르면 판매량이 일정하게 감소하고, 가격이 내리

면 판매량이 일정하게 증가한다고 했을 때 다음과 같이 붕어빵 가격에 따른 판매량과 수익을 계산했어.

가격	100	200	300	400	500	600	700
판매량	700	600	500	400	300	200	100
수익	-27,500	22,500	52,500	62,500	52,500	22,500	-27,500

300원에 500개가 팔리고, 500원에 300개가 팔리니까, 붕어빵 가격이 100원 오를 때마다 판매량이 100개씩 감소한다고 보고 (가격)×(판매량)-97,500원을 수익으로 계산했어. 이를 더욱 쉽게 확인하기 위해 좌표평면에 그래프를 그려 보았지.

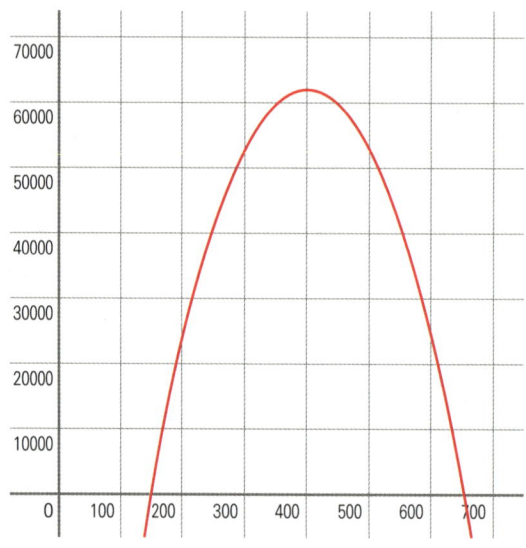

대략 100원에서 200원 사이의 가격이라면 손해 보지 않고 팔 수 있다는 걸 알 수 있었어. 지우는 정확한 값을 구하고 싶어졌어. 붕어빵 1개

의 가격을 x라고 하면 판매량은 800 − x가 되고, 이때 수익을 y라고 하면 y=x(800 − x) − 97500이니까 y=x² +800x − 97500인 이차식이 세워져.

하지만 도무지 수익이 0이 되는 x의 값을 찾을 수 없었어. 그래서 지우는 수학 선생님께 질문했지만 지우가 세운 식과 같다며 y= − (x − 150)(x − 650)으로 계산하라는 말만 하셨어. 지우는 도무지 이해가 되지 않아서 x에 100, 200, 300, … 900을 차례로 넣어 보기 시작했어. 그러자 정말 앞에서 계산한 붕어빵 개수에 따른 수익의 표와 일치하는 값이 나왔지 뭐야. 식을 자세히 보던 지우는 선생님이 주고 가신 식은 x에 150을 넣으면 y가 0이 되는 것이 쉽게 보이는 식의 형태라는 것을 알게 되었어.

$$y = -(150 - 150) \times (150 - 650) = 0.$$

0에 어떤 수를 곱해도 0이 되니까 x =150 또는 x =650이면 수익이 0원이 되는 거지. 이러한 식의 변형을 우리는 인수분해라고 불러. 하나의 다항식을 두 개 이상의 다항식의 곱으로 나타낸 거지. 이때 각각의 식은 '인수'라고 해. 자연수를 소수의 곱으로 나눠서 표현하는 소인수분해와 같은 방식으로도 볼 수 있지. 인수분해는 이차 이상의 방정식을 푸는 데 아주 중요한 역할을 하니까 꼭 인수분해를 익혀야 해.

수학을 공부할 때 이유를 알지 못한 채 계산만 반복한다면 금방 질리고 지칠 수 있어. 모든 개념에는 존재 이유가 있고 그 이유를 이해하면 지금 하는 계산이 얼마나 유용한 일인지 금방 알게 돼. 인수분해라는 도구를 사용할 수 있게 되면 방정식을 빠르고 정확하게 해결할 수 있을 뿐만 아니라 수학 공부도 더 재미있어질 거야.

1. 다음 빈칸에 알맞은 답을 써 보자.

> 하나의 다항식을 두 개 이상의 다항식의 곱으로 나타내는 것을
> _____(이)라고 한다.

2. 다음 방정식의 해를 구해 보자.

> (1) $(x+2)(x-3) = 0$
> (2) $(x+1)(x-1)(2x+1)(2x-1) = 0$

 더 알고 싶어 119　　　　　　📖 도서　▷ 영상　🔍 사이트

📖 『**10대에게 권하는 수학**』 (이동환, 글담, 2021)
다항식을 인수분해하는 과정이 왜 필요한지 생각해 보자.

▷ **이차방정식의 역사**
이차방정식이 어떻게 등장했고 풀리는 방식은 어떻게 발전해 왔는지 보면서 인수
분해가 방정식을 푸는 중요한 도구임을 이해해 보자.

식도 세로로 곱할 수 있다고?

일차식 곱셈과 인수분해의 원리 이해

숫자의 곱셈과 문자의 곱셈은 비슷한 부분이 있어. 숫자의 곱셈을 참고해서
식의 곱셈 원리를 파헤쳐 볼게. 일차식의 곱셈을 숫자처럼 세로 셈으로 진행하면
어렵게 느껴질 수 있는 인수분해가 얼마나 간결하고 논리적인지 알 수 있어.

학습 키워드 #식의계산 #인수분해 #세로셈
교과 연계 중3 > 다항식의 곱셈과 인수분해

인수분해는 기본적으로 두 일차식의 곱셈에서 시작되는 거야.

24×76에서 2와 7은 2×10과 7×10을 뜻하니까 10을 기호라고
생각하면 다음과 같이 계산할 수 있어.

$$
\begin{array}{r}
24 \\
\times\ 76 \\
\hline
144 \\
168 \\
\hline
1824
\end{array}
$$

	2×10	$+4$
$\times$	7×10	$+6$
	$2 \times 6 \times 10$	$+4 \times 6$
$2 \times 10 \times 7 \times 10 + 4 \times 7 \times 10$		
$14 \times 10^2 + (12+28) \times 10$		$+24$

이 방법을 그대로 $(x+2)(x+3)$와 $(2x-1)(3x+2)$에 각각 적용해

보면 다음과 같이 계산할 수 있어.

	x	$+2$
$\times$	x	$+3$
	$3x$	$+6$
x^2	$+2x$	
x^2	$+5x$	$+6$

	$2x$	-1
$\times$	$3x$	$+2$
	$4x$	-2
$6x^2$	$-3x$	
$6x^2$	$+x$	-2

숫자의 곱셈과 문자의 곱셈이 별로 다르지 않지? 이처럼 문자와 식을 다룰 때 숫자의 연산을 떠올려 보는 게 그 원리를 파악하는 데 도움을 줄 수 있어.

만약 두 일차식을 곱해서 상수항에 12가 나온다면 어떤 일차식의 곱일까? 다음 예시처럼 상수항끼리 곱해서 12가 나온다면 x의 계수는 무엇이 되어도 상관없어. 빈칸에 상수항이 12가 나오는 두 일차식의 곱을 한번 만들어 봐.

	x	$+3$
$\times$	$2x$	$+4$
	$4x$	$+12$
$2x^2$	$+6x$	
$2x^2$	$+10x$	$+12$

$\times$		
$\square x^2$	$+\square x$	$+12$

$\times$		
$\square x^2$	$+\square x$	$+12$

이번에는 상수항은 12, x^2의 계수는 1인 이차방정식이 나오는 두 일차식이야. x^2의 계수가 1이니까 두 일차식의 x의 계수는 모두 1이어야겠지? 그리고 상수항은 곱해서 12가 되는 1과 12, 2와 6, 3과 4가 될 수 있어. 상수항이 모두 음수인 경우도 생각할 수 있지. 다음 빈칸을

채워서 모든 경우를 구해 볼까?

	x	+1
×	x	+12
	x	+12
x^2	+12x	
x^2	+13x	+12

	x	
×	x	
		+12
x^2		
x^2	+□x	+12

	x	
×	x	
		+12
x^2		
x^2	+□x	+12

	x	−1
×	x	−12
	−x	+12
x^2	−12x	
x^2	−13x	+12

	x	
×	x	
		+12
x^2		
x^2	−□x	+12

	x	
×	x	
		+12
x^2		
x^2	−□x	+12

이제 반대로 생각해 보자. 만약 $x^2+13x+12$를 인수분해하기 위해서는 두 일차식을 곱해서 x^2의 계수가 1이 되고, 상수항이 12가 되는 6가지의 모든 경우로 곱셈을 계산하면서 일차항이 13x가 되는지 확인해야 해. $4x^2+17x+18$와 같이 x^2의 계수가 1이 아니거나, 18과 같이 약수를 많이 가지는 숫자가 나올 때는 나올 수 있는 경우의 수가 훨씬 많아져. 따라서 인수분해를 잘하기 위해서는 어느 정도 연습과 훈련이 필요해. 이 과정이 조금 힘들고 지루할 수 있어. 그럴 때는 인수분해가 없었던 때를 떠올려 봐.

1. 앞의 세로 셈의 빈 칸을 모두 채워 보고 $x^2-8x+12=0$의 해를 구해 보자.

$\times$	x	+1
	x	+12
	x	+12
x^2	+12x	
x^2	+13x	+12

$\times$	x	
	x	
		+12
x^2		
x^2	+□x	+12

$\times$	x	
	x	
		+12
x^2		
x^2	+□x	+12

$\times$	x	−1
	x	−12
	−x	+12
x^2	−12x	
x^2	−13x	+12

$\times$	x	
	x	
		+12
x^2		
x^2	−□x	+12

$\times$	x	
	x	
		+12
x^2		
x^2	−□x	+12

 더 알고 싶어 119

📖도서 ▶영상 🔍사이트

📖 『**이런 수학은 처음이야 4**』 (최영기, 21세기북스, 2024, 2강)
일차식을 곱해 전개되는 과정을 따라가며 왜 인수분해가 그 반대 과정이 되는지
이해해 보자.

▶ **다항식을 분해하라, 인수분해**
다항식이 여러 항의 곱으로 바뀌는 과정을 영상과 함께 이해해 보자.

수익을 최대로 키우는 가격의
비밀이 있다고?

이차방정식과 이차함수의 관계

수익을 거의 남기지 않는 대신 싸다는 입소문을 낸 지우는
이제 하루에 5만 원의 수익을 목표로 붕어빵 가격을 인상하기로 결심했어.
목표 수익을 위한 적정가격을 세워서 수익을 극대화할 수 있는 가격을 찾아가는
지우의 여정에 함께해 보자.

학습 키워드	#이차방정식 #이차함수 #최댓값
교과 연계	중3 > 이차방정식 중3 > 이차함수와 그래프
	고1 > 공통수학1 > 이차방정식과 이차함수

지우는 붕어빵 가격을 인상하기로 마음먹었어. 5만 원의 수익을 얻고 싶어서 시장조사를 통해 붕어빵 1개 가격 x에 따른 기대수익 $y = -x^2 + 800x - 97500$에 $y = 50000$을 대입하고 식을 정리했어.

$$50000 = -x^2 + 800x - 97500$$

$$x^2 - 800x + 147500 = 0$$

선생님의 도움으로 인수분해를 익힌 지우는 $x^2 - 800x + 147500$에 대해 열심히 인수분해를 시도했어. 그런데 아무리 찾아도 인수분해되는 두 일차식을 찾을 수 없었어. 선생님은 인수분해가 되지 않는 이

차방정식도 있다고 말씀하셨어. 대신 인수분해 때 열심히 공부한 완전
제곱식으로 변형하면 해를 구할 수 있다는 말을 해 주셨지.

완전제곱식은 다항식 $(x+2)^2$, $(3x-1)^2$, $2(x+2)^2$과 같이 다항식의
제곱으로 된 식 또는 다항식의 제곱에 상수를 곱한 식이야. 그런데 이차
방정식의 해를 구하는 것과 무슨 관련이 있는지 쉽게 떠오르지 않았어.
지우는 완전제곱식을 계속 반복하다가 문득 제곱근이 떠올랐어. $x^2=2$
의 해는 이미 $x=\pm\sqrt{2}$와 같이 근호를 사용해서 해를 구할 수 있으니까
식을 잘 변형해서 $x^2-800x+147500=0$을 **(일차식)^2=(상수)** 형태로
나타낼 수 있다면 해를 구할 수 있을 것 같았지. 동일한 두 일차식을 곱
해서 x^2이 나와야 하니까 두 일차식의 x의 계수는 1이 되어야 해. 상수
항은 모르니까 우선 ★이라고 하고, $-800x$가 나와야 하니까 $-$부호가
필요할 것 같아서 일차식을 $x-$★로 정하고 직접 제곱을 해 보았어.

$$\begin{array}{r} x-\bigstar \\ +\quad x-\bigstar \\ \hline -\bigstar x+\bigstar^2 \\ x^2-\bigstar x \quad\quad\;\; \\ \hline x^2-2\bigstar x+\bigstar^2 \end{array}$$

그랬더니 -2★x가 $-800x$와 같아지려면 ★이 400이 되어야 한
다는 사실을 알게 되었어. 이제 ★ 대신 400을 넣어서 $(x-400)^2$을 계
산했지.

$$(x-400)^2=x^2-800x+160000$$

하지만 우리가 원래 구하려던 $x^2-800x+147500=0$식과는 차이가 있었어. 160000이 필요하니까, 잠시 빌렸다가 갚아 볼게.

$$x^2-800x+(160000-160000)+147500=0$$
$$x^2-800x+160000-12500=0$$
$$(x-400)^2=12500$$

이제 제곱근의 성질을 이용하면 계산할 수 있게 됐어. $x-400=\pm\sqrt{12500}$이 되고 $x=400\pm\sqrt{12500}$가 되는 거지. $\sqrt{12500}$은 약 112라는 걸 계산기를 통해 확인한 지우는 찾으려고 했던 붕어빵 가격이 288원과 512원임을 알게 되었어. 지우는 낮은 가격에 더 많이 팔아서 빨리 5만원을 벌 수 있는 288원을 붕어빵 가격의 기준으로 삼았어. 붕어빵 가격을 조금 인상해서 계속 장사하기로 했지.

이처럼 제곱근의 성질을 이용하면 인수분해가 되지 않는 이차방정식의 해도 구할 수 있어. 이를 일반화한 것이 바로 '근의 공식'이야. 이차방정식 $ax^2+bx+c=0$의 해를 구하기 위해 완전제곱식으로 식을 변형해서 제곱근의 성질을 이용해 $x=\dfrac{-b\pm\sqrt{b^2-4ac}}{2a}$를 찾아낼 수 있어. 근의 공식을 이용하면 어떤 이차방정식이든 해를 구할 수 있을 거야.

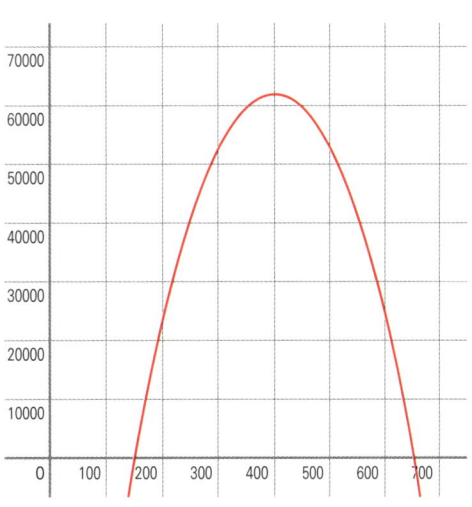

몇 개월이 흐른 후 지우는 최대한 수익을 많이 내기 위해 가격을 또 한 번 올리기로 했어. 그래프를 보니 붕어빵 1개의 가격이 400원일 때 수익이 가장 커 보였거든.

지우는 함수식 $y = x^2 + 800x - 97500$을 가져와서 400원일 때 수익이 최대가 되는 게 확실한지 확인하기 위해 식을 탐구하기 시작했지.

$$y = -x^2 + 800x - 97500$$
$$y = -(x^2 - 800x) - 97500$$
$$y = -(x^2 - 800x + 160000 - 160000) - 97500$$
$$y = -(x - 400)^2 + 160000 - 97500$$

결국 지우는 $y = -(x-400)^2 - 62500$을 얻을 수 있었어. 지우는 붕어빵 1개 가격이 400원일 때 62,500원이 최대 수익이라는 것을 확신하게 되었지. $(x-400)^2$은 같은 수를 두 번 곱했기 때문에 항상 0보다 크거나 같아. 그런데 그 앞에 -가 붙어 있으니까 $(x-400)^2$이 0이 될 때 수익은 가장 커지게 되는 거야. 즉 붕어빵 가격이 400원일 때 수익이 가장 커지고, 가장 큰 수익은 62,500원이라는 것을 쉽게 알 수 있었던 거지.

근의 공식을 찾는 과정에서도, 이차함수의 식을 표준형으로 변형하는 과정에서도 완전제곱식이 결정적인 역할을 하는 만큼 완전제곱식도 잘 기억해 두면 좋을 거야.

1.이차방정식 $ax^2+bx+c=0$의 해를 구하는 근의 공식은 $x=\dfrac{-b\pm\sqrt{b^2-4ac}}{2a}$ 이야. 근의 공식이 어떻게 나오는지 그 과정을 이야기해 보자.

더 알고 싶어 119

📖 도서　▷ 영상　🔍 사이트

📖 『함수, 통계, 기하에 관한 최소한의 수학지식』 (염지현, 가나출판사, 2017)
방정식과 함수가 어떻게 연결되는지 생각하며 이차방정식의 해가 이차함수의 그래프와 어떤 관계가 있는지 정리해 보자.

▷ 대포의 수학
대포 궤적이 포물선이라는 사실을 떠올리며 이차함수 그래프가 실제 현상을 어떻게 설명하는지 이해해 보자.

🔍 그래프 그리기 (알지오매스)
알지오매스를 이용하여 원하는 함수를 그래프로 표현해 보자.

그래프를
움직일 수 있다고?

이차함수의 평행이동과 그래프의 성질

포물선의 그래프는 꼭짓점의 위치가 정말 중요해.
꼭짓점의 위치만큼 포물선을 이동시켜야 하거든.
그래프의 모양을 변화시키지 않고, 오른쪽, 왼쪽, 위쪽, 아래쪽으로
이동시키는 방법에 대해 자세히 살펴보자.

학습 키워드 #이차함수 #평행이동

교과 연계 중3 > 이차함수와 그 그래프
고1 > 공통수학2 > 도형의 이동

이차함수 $y=ax^2+bx+c$를 $y=a(x-p)^2+q$의 형태로 표현하면 꼭짓점의 좌표를 쉽게 알 수 있어서 최댓값을 찾기 쉬웠어. 하지만 이 차함수는 최댓값만 갖는 것이 아니야. 이차항의 계수인 a의 값에 따라 그 모양이 달라지거든. a가 음수라면 최댓값, a가 양수라면 최솟값을 갖는 형태로 그래프가 그려져. 예를 들어 $y=x^2$과 $y=-x^2$의 그래프는 다음과 같은 형태로 그릴 수 있어. 그리고 a의 절댓값이 커지면 커질수록 폭이 점점 좁아지는 그래프가 그려지고, a의 절댓값이 작을수록 넓은 폭을 가지게 되지.

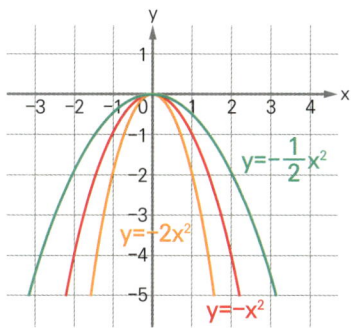
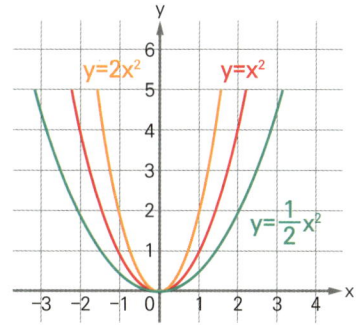

우리는 보통 그래프를 그릴 때 가장 기본적인 형태의 그래프를 그리고, 그 그래프를 모양 그대로 이동시켜 원하는 그래프로 만들어. 이렇게 모양을 변화하지 않고 상하좌우로 그래프를 옮기는 것을 '평행이동'이라고 해.

평행이동에 대해 설명하기 위해 아주 간단한 함수 하나를 예로 들어 볼게. 오직 3개의 x값 –1, 0, 1에서만 정의된, 그래프로 표현하면 3개의 점만 찍히는 다음과 같은 대응표를 갖는 함수야.

x	-1	0	1
y	2	4	1

함수의 본래 명칭은 function이야. 여기서 f를 따와서 x에 따른 y의 함수를 $y=f(x)$라고 나타내곤 해. 이 표현은 어떤 함수 f는 x값에 따라 y가 하나씩 정해진다는 의미로 x가 –1이면 y가 2가 나온다를 $y=f(-1)=2$라고 쓰는 거야. 즉 대응표를 기호로 표현하면 $f(-1)=2$, $f(0)=4$, $f(1)=1$로 나타낼 수 있어.

이제 $y=f(x)$의 그래프를 위로 2칸 올리려면 모든 점을 그대로 위

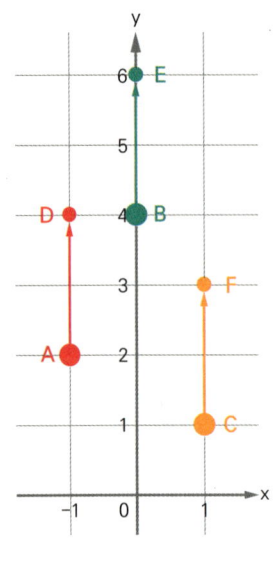

로 2칸 올라간 위치에 그림과 같이 찍으면 돼.

식으로 생각하면 y값에 2만큼 더해주는 거지. 그래서 y=f(x)+2의 그래프는 y=f(x) 그래프를 위로 2만큼 평행이동한 거야. 이때 좀 더 명확하게 표현하기 위해 위, 아래라는 표현 대신 y축의 방향으로 2만큼, y축의 방향으로 −3만큼처럼 표현하지. y축의 방향으로 −3만큼, 즉 아래로 3칸 평행이동한 그래프의 함수는 y=f(x)−3이야.

좌우로 평행이동은 어떨까? 우선 오른쪽으로 3만큼 평행이동시키는 것은 x축 방향으로 3만큼 평행이동, 왼쪽으로 2만큼 평행이동시키는 것은 x축 방향으로 −2만큼 평행이동한다고 표현할 수 있어. 그럼 f(x)를 x축 방향으로 100만큼 평행이동시켜 볼까? 대응표로 표현하면 다음과 같아.

x	-1	0	1
y	2	4	1

x	99	100	101
y	2	4	1

그럼 이를 y=f(x)를 이용해 표현할 수 있을까? 평행이동된 그래프는 99를 대입하면 원래 함수에 −1을 대입하는 것과 같은 값인 2, 100을 대입하면 원래 함수에 0을 대입하는 것과 같은 값인 4, 101을 대입하면 원래 함수에 1을 대입하는 것과 같은 값 1이 나와. 이를 이용하면 x축으로 100만큼 평행이동한 그래프의 함수식도 구할 수 있어.

y=f(x−100)이 y=f(x)를 x축 방향으로 100만큼 평행이동한 그래프의 함수식이야. 즉 x축 방향으로 평행이동한다는 것은 이동한 거리만큼을 x에서 뺀 다음 기존의 함수 f에 대입하는 것과 같아.

반대로 x축 방향으로 −100만큼 평행이동하면 어떻게 될까? 마찬가지로 대응표는 다음과 같아.

x	-1	0	1
y	2	4	1

x	-101	-100	-99
y	2	4	1

평행이동된 함수의 x에 −100을 대입하면 f(0)과 같아져야 하니까 x에 100 더한 값을 f(x)에 대입해야 해. 즉 y=f(x+100)이 y=f(x)의 그래프를 x축 방향으로 −100만큼 평행이동한 그래프가 되는 거지. 왜냐하면 x가 −100이라면 y=f(x+100)=f(−100+100)=f(0)=4가 되기 때문이야.

그래프를 오른쪽으로 이동할 때 식에는 −가 등장하고, 그래프를 왼쪽으로 이동할 때는 식에 +가 나타나서 함수를 공부할 때 가장 많이 혼란스러워하고 어려워 해. 실제로 이차함수 $y=2x^2$의 그래프를 x축 방향으로 2만큼 평행이동한 그래프는 y=f(x−2)가 되어야 하니까 x 대신 x−2를 대입하면 $y=2(x−2)^2$이 되고, $y=2x^2$의 그래프를 x축 방향으로 −1만큼 평행이동한 그래프는 $y=2(x+1)^2$의 그래프가 되는 거야.

1. 다음 빈칸에 알맞은 답을 써 보자.

> 그래프의 모양을 바꾸지 않고 좌우나 상하로 옮기는 것을 _____(이)라고
> 한다.

2. y=f(x)의 그래프를 x축 방향으로 2만큼 y축 방향으로 -3만큼 평행이동한 식을 표현
해 보자.

 더 알고 싶어 119

📖 도서 　▷ 영상 　🔍 사이트

📖 『**중학 수학의 모든 것**』(신지영, 꿈결, 2020)
　　이차함수 그래프가 어떻게 이동하며 모양이 변하지 않는지 관찰해 보자.

▷ **포물선의 활용**
　　영상 속 사례를 참고해 실생활 구조물 하나를 선택하고, 그 형태가 포물선이 될 때
　　의 장점을 찾아 설명해 보자.

🔍 **이차함수 평행이동 관찰하기** (지오지브라)
　　지오지브라로 그래프를 움직여 보며 그래프의 평행이동을 직접 확인해 보자.

보험계리사

우리가 매달 내는 보험료가 어떻게 결정되는지 생각해 본 적 있어? 그냥 아무렇게나 정하는 게 아니라, 수학과 통계를 이용해서 아주 정확하게 계산한 거야. 바로 보험계리사가 이런 계산을 통해 우리가 위험에 대비할 수 있도록 도와주는 사람들이야. 보이지 않는 곳에서, 숫자로 세상을 안전하게 만드는 멋진 직업이지! 보험계리사에 대해 자세히 알아보자.

보험계리사란 무엇일까?

보험계리사는 보험과 관련된 다양한 위험과 비용을 수학 통계적인 방법으로 평가하는 전문가를 말해. 이들은 적절한 보험료를 산정하고, 보험 회사가 재정적으로 안전하게 운영되도록 돕고 있어. 보험계리사가 하는 일은 우리가 보험에 가입하면 받을 수 있는 보호와 직접적인 관련이 있는 중요한 일이야.

보험계리사가 되는 길

보험계리사가 되려면 수학, 통계학, 경제학 등을 공부해서 탄탄한 지식을 쌓아야 해. 중학교 때부터 수학 문제를 많이 풀면서, 수학적인 사고를 키우는 것이 중요하지. 관련 분야의 책을 읽거나 경시 대회에 참가하는 것도 좋은 준비가 될 거야.

보험계리사의 업무

보험계리사는 보험료 산정, 위험 평가, 자산 관리 등의 일을 담당하고 있어. 이를 위해 수많은 양의 데이터를 분석하고, 통계적 모델을 개발해서 보험 상품이 재정적으로 건전하게 운영될 수 있도록 하고 있지. 또한 재해나 대규모 손실이 발생했을 때 보험 회사가 어떻게 대처해야 할지 전략을 수립하는 역할도 한단다.

보험계리사와 관련된 직업들

보험계리사 외에도 위험 관리자, 재무 분석가, 투자 컨설턴트 등 보험과 금융 분야에는 다양한 직업이 있어. 이런 전문가들은 보험계리사와 협력해서 보험 회사의 재정 안정성과 수익성을 높이는 데 이바지하고 있어.

보험계리사의 미래와 진로 가능성

인공지능과 빅데이터의 발전은 보험계리사가 하는 일에 큰 변화를 가져오고 있어. 보험계리사는 이러한 기술을 활용해서 더욱 정밀한 위험 평가와 보험료 산정을 할 수 있게 되었지. 미래에 보험계리사가 되기 위해서는 새로운 기술의 변화를 이해하고 적응하는 능력이 필요할 거야.

3부

도형과 논리의 세계

비행기는 직선거리로 날지 않는다고?

생각의 전환과 비유클리드 기하학

우리가 생각하는 점, 선, 면과 수학에서 약속한 점, 선, 면은 조금 차이가 있어.
유클리드가 정의한 점, 선, 면의 개념을 이해해 보고,
이를 바탕으로 도형의 세계를 탐구해 보는 시간을 가져 볼까?

학습 키워드 #비유클리드기하학
교과 연계 중1 > 기본 도형

  흔히 점이라고 하면 적당히 작은 크기의 원 모양의 도형을 생각하 잖아. · • ● 을 우리는 모두 점으로 여겨. 선도 마찬가지야. 굵기가 조금 다르더라도 우리는 모두 동일한 선이라고 생각하지. 그런데 이러 한 생각은 도형들을 구분하기 애매하게 만들 수 있어. 예를 들어 조금 큰 점은 점인지 원인지 구분하기 어렵고, 조금 두꺼운 선은 면인지 선 인지 구분하기 어렵거든. 그렇다면 적당한 크기나 두께의 점 또는 선을 정할 수 있을까? 사람마다 기준이 달라서 쉽지 않을 거야.

  기원전 3세기에 살았던 유클리드도 같은 고민을 했어. 그리고 그 결과를 『유클리드 원론』에 남겼지. 유클리드는 이 책에서 '점은 넓이 가 없는 위치이다.', '선은 폭이 없는 길이이다.', '면은 길이와 폭을 갖

고 있다.'라는 말들로 도형을 정의했어. 유클리드에 따르면 사실 점과 선은 그저 상상 속에서만 존재한다고 해. 그렇지만 우리는 도형을 많이 보고 다양하게 조작하면서 그 특징을 이해하기 위해 노력해야 하지. 그래서 우리는 점을 찍고 선을 그리면서 다양하게 도형을 표현하지만, 그럼에도 점과 선은 넓이가 존재하지 않는다고 생각하며 사용할 거야. 실제 우리는 이미 그렇게 사용하고 있어.

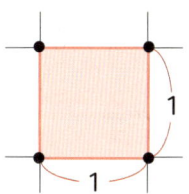

넓이 1인 정사각형의 넓이를 구할 때 우리는 선의 넓이나 점의 넓이는 생각하지 않고 계산하고 있어. 이미 점이나 선으로 표현하지만, 실제 면적에는 포함되지 않는다고 암묵적으로 약속한 거야.

『유클리드 원론』에서는 점, 선, 면을 비롯해 직각, 직각보다 큰 둔각, 직각보다 작은 예각, 한 점(원의중심)에서 이르는 거리가 같은 점들의 모임인 원, 선분으로 둘러싸인 평면도형인 다각형, 정삼각형, 이등변삼각형, 직각삼각형, 정사각형, 직사각형, 마름모, 평행사변형, 평행선 등 우리가 도형에서 배우는 대부분의 용어를 무려 2200년 전에 정의했어.

도형에 대한 정의뿐만 아니라 평면도형의 다양한 성질도 논리적으로 설명하고 있어. 유클리드는 5가지의 약속만으로 수많은 도형의 성질을 설명했지. 다음과 같은 5가지 약속을 '5개의 공준'이라고 불러.

1. 서로 다른 두 점이 주어졌을 때, 그 두 점을 잇는 직선을 그을 수 있다.

2. 임의의 선분은 더 연장할 수 있다.
3. 서로 다른 두 점 A, B에 대해 점 A를 중심으로 하고 선분 AB를 반지름으로 하는 원을 그릴 수 있다.
4. 모든 직각은 서로 같다.
5. 직선 밖의 한 점을 지나 그 직선에 평행한 직선은 단 하나 존재한다.

유클리드는 이 5가지만 약속하고도 모든 평면도형의 성질을 하나씩 차근차근 증명했어. 하지만 많은 사람들이 유클리드의 5번째 평행선에 관한 공준을 의심의 눈으로 바라봤지. 이 규칙을 의심하는 마음을 갖고 탐구한 수학자들이 그 틀을 깨부수고 비非유클리드 기하학을 탄생시켰어. 유클리드가 생각한 도형의 성질이 적용되지 않는 새로운 도형들의 공간이 탄생한 거지. 사실 유클리드 기하는 평면에서는 완벽하게 작동하지만 우리가 사는 지구 표면처럼 곡면으로 이루어진 공간에서는 유클리드의 기하학 성질이 잘 작동하지 않아. 비행기가 날아가는 경로는 항상 직선이 아닌 곡선으로 나타내잖아. 우리는 직선을 가장 짧은 경로로 알고 있는데, 지구 표면의 가장 짧은 경로는 곡선으로 나타낼 수밖에 없어. 이런 관점에서 지구의 두 지점 사이의 가장 짧은 거리를 연결 짓는 선분은 지구의 둘레와 같은 크기의 커다란 원의 일부여야 해.

수학자들의 집요한 의심은 새로운 기하학을 탄생시켰고, 우리가 사는 세계를 더욱 정확하게 이해할 수 있도록 도왔어. 비유클리드 기하학은 아직 우리가 알지 못하는 미지의 우주에 대해 새로운 시각을 가질 수 있도록 상상력을 자극하고 있단다.

1. 유클리드가 정의한 '점에 대한 설명으로 옳은 것은 무엇일까?

   ① 아주 작은 동그라미 모양이다.
   ② 위치만 있고 넓이는 없다.
   ③ 폭이 없는 길이다.
   ④ 길이와 폭을 모두 가진다.

2. 비유클리드 기하학의 탄생은 "유클리드의 5번째 공준"을 집요하게 의심한 수학자들의 노력에서 시작되었어. 왜 의심했다고 생각되니? 너희 생각은 어때?

 더 알고 싶어 119　　　　　　　　📖 도서　▷ 영상　🔍 사이트

📖 『유클리드가 들려주는 원론 이야기』 (유대현 저, 자음과모음, 2009)
　　고대 수학자들이 공간을 이해한 방식과 그 한계를 생각해 보며, 평행선 공준이 왜
　　중요한지 정리해 보자.

▷ 유클리드의 '기하학원론'을 모르는 사람은 없다?! (어쩌다 어른)
　　고대 기하학이 오랫동안 절대적 진리로 여겨졌던 이유를 살펴보며, 영상 속 설명을
　　참고해 평행선에 대한 다양한 시각을 생각해 보자.

평행선이
존재하지 않을 수도 있다고?

비유클리드 기하학과 삼각형 내각의 합의 신비

평행선이라고 하면 절대 만나지 않는 두 직선이 떠오르잖아.
그런데 비유클리드 기하학에서는 평행선이 아예 존재하지 않거나 무수히 많이 존재하기도 해.
이 흥미로운 현상이 어떻게 가능한지, 비유클리드 기하학을 탐구해 보자.

학습 키워드 #유클리드 #비유클리드기하학 #삼각형내각의합
교과 연계   초4 〉삼각형
                중1 〉평면도형의 성질

비유클리드기하학에서는 평행선이 존재하지 않거나 직선 밖의 한 점을 지나는 평행선이 무수히 많이 존재하기도 해. 삼각형의 내각의 총합이 $180°$ 보다 크기도 하고, 때론 $180°$ 보다 작기도 하지. 어떤 공간인

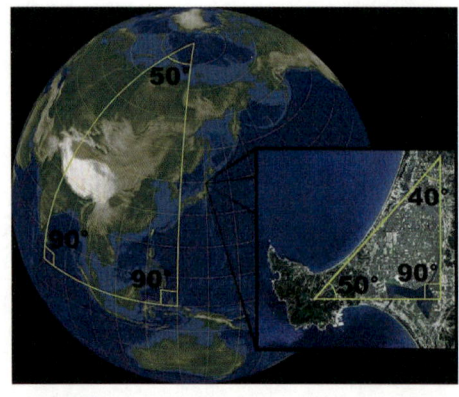

지, 직선을 어떻게 정의하는지에 따라 이러한 차이가 생기는 거야. 우리가 살고 있는 지구는 구 형태야. 평면이 아닌 구의 표면을 전체 공간이라고 생각하는 경우 직선은 두 점을 지나는 가장 큰

원으로 정의할 수 있어. 그럼 다음 그림처럼 삼각형의 내각 크기의 합이 230°가 되지.

우리가 흔히 알고 있는 삼각형의 내각 크기의 합이 180°가 되는 건 평면에서만 성립하는 성질이야. 앞에서 살펴본 유클리드의 5번째 공준이 성립하면 삼각형의 내각의 합은 항상 180°가 돼. 공준에 의해 삼각형의 밑변인 선분 BC에 평행하고 점 A를 지나는 평행선이 유일하게 그려지기 때문이지. 이 부분에 각 B와 각 C를 꼭짓점 A에 옮겨 모으면 평각(180°)이 되는 것을 확인할 수 있어.

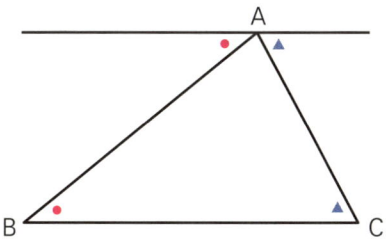

삼각형 하나의 내각 크기의 합이 180°라는 사실을 알면 어떤 다각형이든 내각의 크기 합을 구할 수 있어. 도형을 적당히 삼각형으로 나누는 방법을 사용하면 되거든.

다각형			
꼭짓점의 개수	4	5	6
나누어지는 삼각형의 개수	2	3	4
내각의 크기의 합	360°	540°	720°

만약 꼭짓점이 n개라면 몇 개의 삼각형으로 나눌 수 있을지 생각해 보자. 이때 가장 대표적인 접근 방법은 n을 늘려 가며 규칙을 찾는 방법이야. 꼭짓점의 개수보다 2개 적은 삼각형으로 나누어지는 것을 확인할 수 있어. n각형은 꼭짓점의 개수 n보다 2만큼 적은 $n-2$개의 삼각형으로 나눌 수 있어. n각형의 내각 크기의 합은 $180° \times (n-2)$가 되는 거지.

다각형을 어떻게 나눴는지 자세히 살펴보니 한 꼭짓점을 기준으로 다른 꼭짓점과 이어서 대각선을 그렸어. 그리고 이 대각선 때문에 삼각형으로 쪼개졌지. 대각선이니까 바로 이웃한 점과 이어지는 대각선은 만들어질 수 없어서 n각형의 한 꼭짓점에서 그을 수 있는 대각선의 개수는 $n-3$개가 되는 거야. 자기 자신과 왼쪽과 오른쪽에 이웃하고 있는 꼭짓점을 제외해야 대각선을 그릴 수 있기 때문이지. 그리고 대각선이 생길 때마다 분할되는 영역이 하나씩 늘어나니까 $n-3$개의 대각선은 $n-2$개의 삼각형으로 나뉘는 거지.

n각형의 대각선의 총 개수는 몇 개일까? 한 꼭짓점에서 그을 수 있는 대각선의 개수는 $n-3$개이고 꼭짓점의 개수는 n개니까 n개의 꼭짓점에서 $n-3$개씩 대각선을 그을 수 있잖아. 이렇게 그리면 대각선을 모두 두 번씩 그린 게 돼. 따라서 n각형의 대각선 총 개수는 $n \times (n-3) \div 2$가 되는 거야.

1. 다음 문장이 맞으면 O, 틀리면 X 표시를 해 보자.

> 비유클리드 기하학에서는 삼각형의 내각의 합이 항상 180도이다. (   )

2. 십각형의 대각선의 총 개수와 내각의 크기의 합을 구해 보자.

 더 알고 싶어 119　　　　　　　　📖 도서　▷ 영상　🔍 사이트

📖 『함수, 통계, 기하에 관한 최소한의 수학지식』 (염지현, 가나출판사, 2017)
　　삼각형의 내각의 합이 항상 180도가 되지 않는 공간을 떠올리며, 곡면 위에서 삼
　　각형을 직접 스케치해 보고 평면과 비교해 차이가 생기는 이유를 설명해 보자.

▷ 유클리드 vs 비유클리드 기하
　　평면과 곡면에서 삼각형을 그렸을 때 내각의 합이 어떻게 달라지는지 영상 속 예시
　　를 통해 확인해 보자.

왜 맨홀 뚜껑은 둥근 형태일까?

맨홀 뚜껑과 원주율의 이야기

둥근 원에 숨어 있던 수학의 비밀, 원주율 π! 하지만 π는 원에만 있는 게 아니야.
룅로 삼각형 같은 특별한 도형들, 정폭도형에도 숨어 있지. 정폭도형과 π의 연결 고리,
그리고 이 특별한 숫자를 찾아낸 수학자들의 놀라운 이야기로 함께 떠나 보자!

학습 키워드 #정폭도형 #원 #원주율
교과 연계 초6 〉 원의 넓이
중1 〉 평면도형의 성질

길바닥에 간혹 보이는 맨홀 뚜껑은 항상 둥근 모양이야. 왜 맨홀 뚜껑은 둥근 모양으로만 만들까? 원형이 아닌 삼각형이나 사각형 모양으로 만들면 쉽게 구멍에 빠질 수 있어서 위험하기 때문이야. 하지만 원형 뚜껑은 어느 방향으로 놓더라도 구멍보다 작아지지 않기 때문에 구멍에 빠지지 않아.

원이 아니면서도 도형의 폭이 항상 일정한 도형들이 있어. 이를 정폭도형이라고 하지. 가장 대표적인 정폭도형에는 룅로 삼각형이 있어. 각 꼭짓점에서 다른 꼭짓점까지의 거리를 반지름으로 하는 원의 일부(호)를 그린 도형이지. 이런 방법으로 홀수개의 점을 갖는 정다각형으로 정폭도형을 만들 수 있어. 이러한 다각형을 룅로 다각형이라고 하는

데 이를 이용하면 여러 가지 모양의 바퀴도 만들 수 있어.

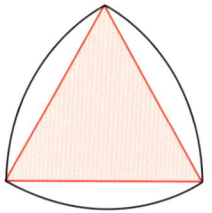

정폭도형은 굉장히 특별한 성질이 있어. 바로 둘레와 도형의 폭 비율이 항상 일정하다는 거지. 그 비율이 바로 그 유명한 π(파이)야. 원주율로 잘 알려진 π는 **(원의둘레)÷(지름)**이고, 어떤 크기의 원이든 항상 같은 값이 나와. 원에만 숨어 있는 줄 알았던 원주율 π가 정폭도형에도 동일하게 숨어 있다는 사실이 놀랍지 않니? 사람들은 오래전부터 π에 대해 궁금해했어. 처음에는 직접 원의 둘레와 지름을 자로 잰 후 나눠 보았지. 대략 3.1 정도의 값이 나온다는 것을 확인할 수 있었지만 사람들의 호기심은 여기서 멈추지 않았어. 더 정확한 값을 알고 싶어 했고, 더 정확한 원주율을 계산하려고 수많은 수학자들이 노력했지. 현재 π의 근삿값으로 사용하는 3.14는 기원전 3세기에 아르키메데스가 원을 그린 후 원의 안쪽과 바깥쪽으로 접하는 정다각형을 그려서 정다각형의 둘레를 이용한 방법으로 원주율을 계산하면서 발견했어.

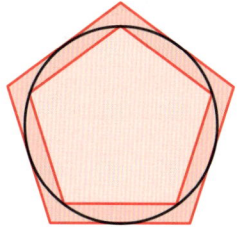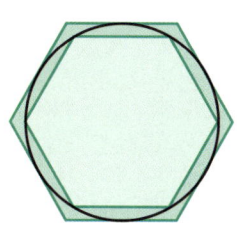

그림과 같이 원의 안과 밖에서 접하도록 다각형을 그리면 원의 둘레는 바깥쪽에 접하는 정다각형의 둘레 길이보다는 짧고, 안쪽에 접하는 정다각형의 둘레 길이보다는 길겠지? 아르키메데스는 지름의 길이가 1m인 원에 정육각형부터 정십이각형, 정이십사각형, 정사십팔각형, 정구십육각형까지 그렸어. 그 결과 아르키메데스는 다음과 같은 원주율을 찾을 수 있었던 거야.

$$3.140845\cdots \ \langle \ \text{원주율} \ \langle \ 3.142857\cdots$$

π 값을 찾기 위한 열정은 계속 전해져 내려왔어. 독일의 수학자 루돌프Ludolph, C., 1540~1610는 평생 원주율의 값을 계산했어. 아르키메데스와 동일한 방법으로 무려 소수점 아래 35자리까지 원주율의 근삿값을 구했지. 이후 영국의 수학자 윌리엄 존스는 원주율을 π 라는 기호로 처음 나타냈어. 독일의 천문학자 겸 수학자인 요한 람베르트는 π 가 소수점 아래 숫자가 무한히 계속되는 무리수라는 사실을 처음으로 밝혀 냈지. 지금은 컴퓨터로 빠르게 π 의 값을 구할 수 있게 되었어. 값은 다음과 같아.

3.14159265358979323846264338327950288419716939937510582097494459230781640628620899862803 4825···

1. 폭이 항상 일정한 도형은 무엇일까?

2. 다음 빈칸에 알맞은 답을 써 보자.

> 맨홀 뚜껑이 둥근 이유는 둥근 원은 어느 방향으로 놓아도 폭이 일정하여
> 구멍보다 _____ 않기 때문이다.

3. 아르키메데스는 원의 둘레를 구하기 위해 어떤 방법을 사용했는지 서술해 보자.

더 알고 싶어 119   📖 도서 ▷ 영상 🔍 사이트

📖 『**재밌어서 밤새 읽는 수학 이야기**』 (사쿠라이 스스무, 더숲, 2013)
'만약 맨홀이 사각형이라면?' 파트를 읽어 봐. 원 모양이 가진 안정성과 효율성을
생각해 보며, 책 속 사례를 통해 왜 맨홀 뚜껑이 원형인지 정리해 보자.

▷ **자전거 바퀴 모양이 삼각형이어도 움직일 수 있을까?**
바퀴의 모양이 달라지면 움직임이 어떻게 달라지는지 영상을 통해 관찰해 보자.

🔍 **정폭도형 바퀴**
지오지브라 시뮬레이션을 활용해 정폭도형 바퀴가 굴러가는 모습을 살펴보자.

왜 뿔의 부피는 기둥 부피의 3분의 1일까?

뿔과 기둥의 부피 비교와 적분의 기초

뿔과 기둥의 부피를 구하는 방법에 대해 생각해 본 적 있니? 재밌게도 밑면의 모양과 높이가 같은 뿔과 기둥을 비교하면 뿔의 부피는 기둥 부피의 3분의 1이야. 이 신비로운 사실을 이해하려면 부피의 개념과 함께 작은 조각으로 나누는 아이디어가 필요해. 뿔과 기둥의 부피를 구하는 방법에서 적분의 기초 개념을 함께 배워 보자.

학습 키워드 #기둥의부피 #뿔의부피 #적분
교과 연계 초6 〉원기둥, 원뿔, 구   중1 〉입체도형의 성질   고2 〉미적분 I 〉정적분

　　뿔과 기둥은 우리 주변에서 흔히 볼 수 있어. 밑면의 모양에 따라 삼각기둥, 사각기둥, 원기둥 등이 있고, 마찬가지로 삼각뿔, 사각뿔, 원뿔과 같은 것들이 있지. 이들의 부피를 비교하면 재미있는 사실을 발견할 수 있어. 밑면의 모양과 높이가 같은 뿔과 기둥을 비교하면, 신기하게도 뿔의 부피가 정확히 기둥 부피의 3분의 1이라는 걸 알 수 있지. 기둥 부피를 구하는 방법은 밑면의 넓이와 높이를 곱하는 거야. 왜 그런지 알아? 부피는 도형이 차지하는 공간의 양을 뜻해. 이는 가로, 세로, 높이가 모두 1인 정육면체 도형이 차지하는 공간의 양이 부피 1이라는 기준을 삼아서 정한 거야. 그래서 입체도형의 부피는 부피 1인 정육면체가 차지하는 공간의 몇 배인지 구하는 과정이지. 따라서 기둥의

부피는 밑넓이와 높이를 곱하면 구할 수 있어.

하지만 뿔의 부피는 어떻게 구할까? 뿔은 기둥처럼 차곡차곡 블록을 쌓기가 어려워서 부피를 구하는 일이 쉽지 않아.

아르키메데스가 원주율을 구하기 위해 원에 외접하는 정다각형의 둘레와 내접하는 정다각형의 둘레를 구했던 과정 기억하니? 점차 다각형의 변 개수를 늘려가면서 원에 더욱 가깝게 만드는 아이디어를 사용했었지. 수학자들은 부피를 구할 때도 마찬가지로 생각했어. 예를 들어 가로, 세로, 높이가 모두 10인 정사각뿔이 있다면, 부피 1인 정육면체로 이 뿔과 비슷한 모양의 탑을 쌓는다고 생각한 거야.

그럼 1층에는 가로 10개, 세로 10개로 100개의 정육면체가 필요하고, 2층에는 가로 9개, 세로 9개로 81개의 정육면체가 필요할 거야. 이렇게 쌓다 보면 마지막 10층에는 1개의 정육면체를 올릴 수 있겠지. 이것을 다 더하면 총 385개의 정육면체가 사용된 걸 알 수 있어. 즉 부피가 385인 거지. 만약 가로 10, 세로 10, 높이 10인 정육면체라면 부피가 1000이었을 테니까, 1,000의 3분의 1인 약 333보다는 부피가 큰 것을 알 수 있어. 하지만 이는 당연한 결과야. 정육면체를 쌓아 만든 도형은 원래 뿔보다 상당히 많은 부분이 튀어나와 있기 때문이지.

이 차이를 줄이려면 어떻게 해야 할까? 맞아. 더 작은 정육면체를 이용하면 돼. 예를 들어 가로 0.5, 세로 0.5, 높이 0.5인 정육면체로 탑을 쌓는 거지. 1층에는 가로, 세로 각각 20개씩 400개가 들어가고, 2층에는 361개, …, 20층에는 1개가 들어가겠지. 그럼 총 사용된 개수는 2,870개가 될 거야. 하나의 부피가 0.125니까 쌓아 올린 도형의 부피는 358.75가 되는 거지. 크기를 확 줄여 볼까? 한 변의 길이가 0.1인 정육면체를 이용하면 정육면체 하나의 부피는 0.001이 되고, 총 338,350개의 정육면체를 사용하게 될 거야. 쌓아 올린 부피는 약 338이 되어서 우리가 기대한 뿔의 부피인 333과 상당히 가까워진 것을 확인할 수 있어.

이렇게 계속 작게 하면 훨씬 더 원하는 부피에 가까워질 거야. 결국 그 값이 기둥의 부피 3분의 1이 되겠지. 이러한 아이디어를 수학적으로 표현한 것이 바로 고등학교 때 배우는 '적분'이야. 적분을 이용하면 도형의 넓이나 부피를 정확히 구할 수 있어. 중학교 교과서에서 공식만 설명하는 반지름 r인 구의 겉넓이 $4\pi r^2$이나 구의 부피 $\frac{4}{3}\pi r^3$과 같은 공식들도 적분을 통해 구할 수 있지.

아직 적분에 대해 잘 모르더라도, 잘 알지 못하는 도형의 면적이나 부피를 구하기 위해서는 더 작은 조각으로 나눠서 계산한다는 아이디어는 기억해 두면 좋겠어. 우리가 살아가며 맞닥뜨리게 될 다양한 문제들이 너무 크고 버겁다면, 문제를 작게 쪼개고 쪼개서 결국 답을 찾아가는 것처럼 너희도 어려움이 닥칠 때는 어떻게든 극복하기 위해 노력해 보자.

1. 다음 빈칸에 알맞은 답을 써 보자.

> 밑면의 모양과 높이가 같은 뿔과 기둥의 부피를 비교하면 뿔의 부피는
> 기둥 부피의 _____ 이다.

2. 아르키메데스가 원주율을 구할 때 사용한 것과 비슷한 원리를 부피 계산에 적용하면 어떤 수학적 아이디어를 떠올릴 수 있을까?

----

3. 반지름이 3이고 높이가 5인 원기둥과 원뿔의 부피를 구해 보자.

 📖 도서 ▷ 영상 🔍 사이트

더 알고 싶어 119

📖 『**이런 수학은 처음이야 3**』 (최영기, 21세기북스, 2022)
단면이 쌓여 전체 부피가 만들어지는 과정을 그림으로 나타내고, 적분의 아이디어
를 자신의 말로 설명해 보자.

▷ **생각으로 엮어 낸 부피의 세계, 뿔의 부피**
기둥과 뿔의 부피가 어떤 방식으로 쌓여 만들어지는지 영상을 따라가며 비교해 보자.

삼각형에 합동의 비밀이 숨어 있다고?

삼각형 합동의 비밀과 검증 방법

두 도형이 동일한 물체라면 손에 쥐고 이리저리 돌려 가면서 합동을 확인할 수 있어.
하지만 그림에서 합동을 확인할 때는 더 복잡한 과정이 필요해.
평면에 그려진 삼각형이 합동인지 파악하는 다양한 방법과,
이를 쉽게 확인하기 위한 수학적 원리를 알아보자.

학습 키워드 #합동 #삼각형의합동조건
교과 연계 초5 〉 합동과 대칭
중1 〉 작도와 합동

완벽하게 동일한 두 도형이 있을 때 두 도형은 서로 합동이라고 해. 즉 합동은 모양과 크기가 똑같아서 한 도형을 다른 도형에 완전히 포갤 수 있지. 두 도형을 이리저리 돌려 가며 포개 볼 수 있다면 두 도형이 서로 합동인지 아닌지 확인할 수 있어. 하지만 평면에 그림으로 그려진 경우는 포개기가 쉽지 않아.

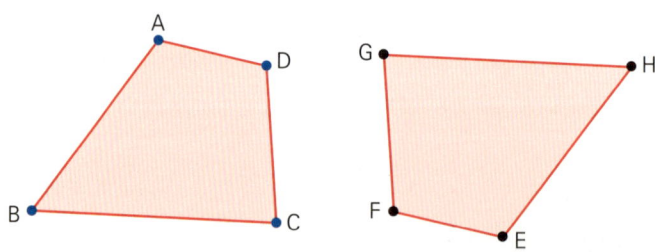

위 두 사각형이 합동이라는 걸 확인하려면 어떻게 해야 할까? 네 변의 길이와 네 각의 크기가 서로 같은지 확인해야 알 수 있어.

다각형의 가장 기본적인 형태는 바로 삼각형이야. 삼각형은 아주 특별한 성질이 있어. 세 변의 길이만 주어지면 어느 누가 그리더라도 같은 삼각형을 그릴 수밖에 없거든. 그럼 다음과 같은 세 변의 길이를 가지는 삼각형을 그려 볼까?

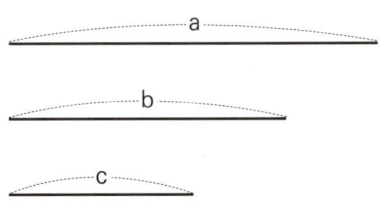

먼저 한 변 a를 그리고, b와 c를 그리기 위해서는 컴퍼스가 있어야 해. b와 c를 그려서 결국 삼각형이 만들어져야 하기 때문이지.

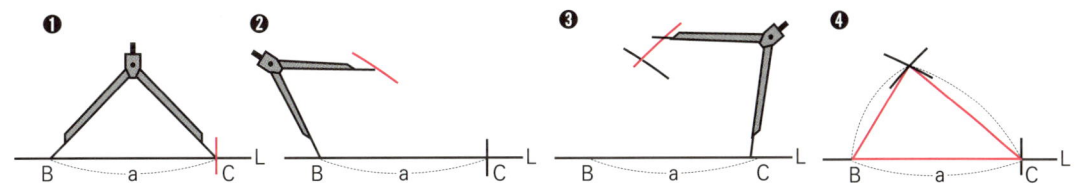

다음과 같은 형태로 b와 c를 그릴 수밖에 없어서 다른 모양의 삼각형은 절대 나올 수 없어. b와 c의 위치를 바꾸면 어떠냐고? 삼각형을 좌우로 한 번만 뒤집으면 같은 모양이 나올 거야. a를 먼저 안 그리고 b나 c를 먼저 그리더라도, 적당히 회전하면 역시 같은 삼각형이 될 수밖에 없어. 따라서 세 변의 길이가 서로 같은 두 삼각형이 있다면 두 삼각형은 항상 합동이 되는 거야. 각을 측정할 필요도 없어. 세 변이 주어지

면 삼각형은 하나의 모양으로 결정되어 버리기 때문이지. 삼각형의 이런 성질을 이용하면 사각형이 합동인지 아닌지도 쉽게 확인할 수 있어.

다음과 같이 사각형을 대각선으로 분할해서 각 길이를 측정해 볼까? 그럼 우리는 네 변의 길이와 네 각의 크기, 총 8개를 측정하는 대신 대각선을 포함한 5개의 선분 길이만 측정하면 돼. 그리고 분할된 두 삼각형끼리 비교해서 두 쌍의 두 삼각형이 서로 합동인지 확인하면 사각형의 합동을 확인할 수 있어. 실제 길이를 재 보면 $\overline{AD}=\overline{EF}$, $\overline{DC}=\overline{FG}$, $\overline{AC}=\overline{EG}$가 되어서 $\triangle ACD$와 $\triangle EFG$는 합동이고, 마찬가지로 $\triangle ABC$와 $\triangle EHG$도 합동이니까 두 사각형은 합동이라는 걸 확인할 수 있어.

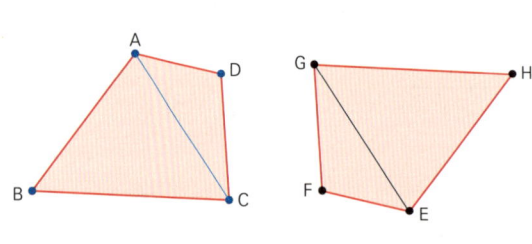

삼각형에는 세 개의 변과 세 개의 각이 있어. 이 6가지 요소를 모두 확인하지 않고도 세 변의 길이가 서로 같다면 두 삼각형이 서로 합동이라는 걸 알 수 있어. 그래서 수학자들은 삼각형의 어떤 세 개의 요소만 일치시키면 항상 합동인 삼각형을 만들 수 있을지 궁금해했고 다음과 같은 세 가지 경우가 있다는 사실을 발견하고 합동 조건으로 정리했단다.

1) 대응하는 세 변의 길이가 각각 같을 때는 SSS 합동이라고 해. 여기서 S는 변을 의미하는 Side의 앞 글자야.

2) 대응하는 두 변의 길이가 각각 같고, 그 끼인 각의 크기가 같을 때는 SAS 합동이라고 해. 여기서 A는 각을 의미하는 Angle의 앞 글자이고, 변 사이의 끼인 각을 나타내기 위해 S와 S 사이에 A를 적었어.

3) 대응하는 한 변의 길이가 같고, 그 양 끝 각의 크기가 각각 같을 때, ASA 합동이라고 해. 변의 양 끝에 각이 존재한다는 것을 표현하기 위해 S를 A가 좌우에서 감싼 형태로 나타내지.

1. 다음 빈칸에 알맞은 답을 써 보자.

> 두 도형이 모양과 크기가 완전히 같아서 포갤 수 있다면
> 두 도형은 서로 _____이라고 한다.

2. 다음 문장이 맞으면 O, 틀리면 X라고 표시해 보자.

> 네 변의 길이가 모두 5cm인 마름모 두 개는 반드시 합동이다. (   )

3. 한 변의 길이 3cm와 두 각의 크기 30°와 60°를 가지는 서로 다른 삼각형을 몇 개 그릴 수 있을까?

더 알고 싶어 119

📖 도서   ▷ 영상   🔍 사이트

📖 『**이런 수학은 처음이야**』 (최영기, 21세기북스, 2020)
삼각형이 언제 완전히 겹쳐지는지 조건을 살펴보며 합동의 의미를 이해해 보자.

▷ **전쟁을 승리로 이끈 삼각형의 합동**
역사 속 사례를 통해 삼각형 합동이 실제 전략과 연결되는 모습을 보며, 합동 조건이 왜 중요한지 생각해 보자.

🔍 **삼각형의 합동 카드놀이** 합동이 되는 삼각형 카드를 찾아보자.

피타고라스가
수학을 만들었다고?

피타고라스 정리와 무리수의 발견

가장 유명한 수학자는 누구일까? 아마 피타고라스가 아닐까?
'피타고라스 정리'로 잘 알려져 있는 사람이잖아.
그러면 피타고라스 정리가 어떻게 발견됐는지, 왜 중요한지 증명 과정과 함께 살펴보자.

학습 키워드　#피타고라스정리 #직각삼각형
교과 연계　중2 > 피타고라스 정리

피타고라스는 기원전 570년경 사모스 섬에서 보석 세공사의 아들로 태어났어. 어린 피타고라스는 호기심이 많아서 튀레에서 점성술을 배웠고, 나중에는 이오니아의 레스보스 섬에서 수학과 철학을 공부하기도 했지. 그의 공부에 대한 열정은 이집트와 바빌로니아로 계속 이어졌어. 다양한 지역을 돌아다니며 다양한 지식을 쌓았고 그리스와 이탈리아에 학교를 세워 제자를 가르치기도 했지.

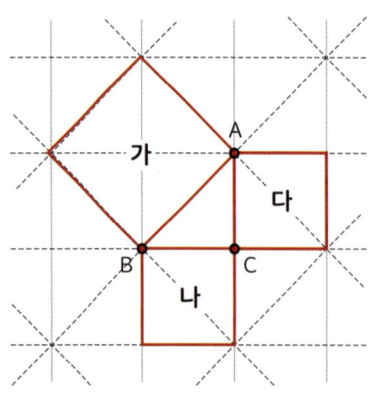

피타고라스의 가장 큰 수학적 업적은 당연히 '피타고라스 정리'야. 피타고라스는 바닥의 타일을 보면서 이 정리를 떠올렸다고 해. 그림의 타일을 보면 같은 모양, 같은 크기를 가진 합동인 직각이등변삼각형들이 규칙적으로 배열되어 있는 걸 볼 수 있어. 정사각형 '가'의 넓이는 작은 직각이등변삼각형 4개의 넓이와 같고, 정사각형 '나'와 '다'의 넓이는 각각 작은 직각이등변삼각형 2개의 넓이와 같아. 따라서 '가'의 넓이는 '나'와 '다'의 넓이의 합과 같지. 이 우연한 발견은 신비하게도 모든 직각삼각형에 적용되었어. 그래서 이를 피타고라스 정리라고 부르게 됐지. 즉 "모든 직각삼각형은 그 빗변의 길이 제곱이 나머지 두 변 길이의 제곱의 합과 같다."라는 걸 발견한 거야. 직각삼각형 세 변의 길이를 각각 a, b, c라 하고, c가 빗변일 때 $a^2 + b^2 = c^2$이 되는 정리지.

피타고라스 정리라는 이름이 붙은 이유

이 정리를 피타고라스가 처음 발견한 건 아니야. 이보다 500년 전에 중국의 진자라는 수학자가 쓴 『주비산경』이라는 책에 피타고라스 정리와 같은 내용이 기록되어 있어. 더 거슬러 올라가면 바빌로니아의 점토판에서도 직각삼각형의 세 변의 길이를 표시한 흔적이 남아 있지. 이집트에서는 측량사들이 세 변의 길이가 각각 3, 4, 5인 직각삼각형을 이용해 직각을 측정하기도 했대. 그런데 왜 피타고라스 정리라고 이름 붙였을까? 피타고라스는 발견한 성질을 사용하는 데 그치지 않고, 이를 논리적으로 설명했기 때문이야.

피타고라스 정리를 증명하는 방법은 400가지 이상이 된다고 알려져 있어. 이 수많은 증명의 원조인 피타고라스의 증명에 대해 한번 살펴볼까? 증명의 핵심은 빗변이 아닌 두 변 길이의 합을 한 변의 길이로

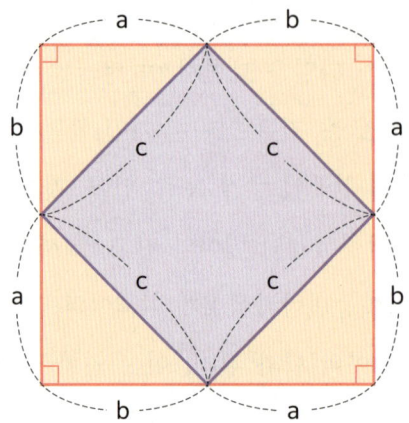

하는 정사각형을 만드는 거야. 이 큰 사각형은 가운데 정사각형 하나와 직각삼각형 네 개로 이루어져 있어. 즉 큰 사각형의 넓이는 $(a+b)^2$이고, 작은 정사각형의 넓이인 c^2과 직각삼각형의 넓이 $\frac{1}{2}ab$의 4배의 합과 같아지는 거지. 이를 식으로 정리하면 다음과 같이 피타고라스의 정리가 증명되는 거야.

$$(a+b)^2 = c^2 + 4 \times \frac{1}{2}ab$$
$$a^2 + 2ab + b^2 = c^2 + 2ab$$
$$a^2 + b^2 = c^2$$

1. 다음 빈칸에 알맞은 답을 써 보자.

> 모든 직각삼각형에서 빗변의 길이를 c, 다른 두 변의 길이를 a, b라고 할 때 피타고라스의 정리는 _____(와)과 같이 쓸 수 있다.

2. 피타고라스 정리를 만족하는 세 개의 자연수를 피타고라스의 수라고 해. 예를 들어 $3^2+4^2=5^2$니까 3, 4, 5는 피타고라스의 수야. 이와 같은 피타고라스의 수를 3개 더 찾아볼까?

 더 알고 싶어 119

📖 도서 ▷ 영상 🔍 사이트

📖 『**수학이 막히면 깨봉 수학**』 (조봉한, 매경주니어북스, 2021)
직각삼각형에서 빗변의 길이를 찾는 과정을 따라가며 피타고라스의 정리를 이해해 보자.

▷ **피타고라스의 정리**
직각삼각형의 변 길이 관계를 이야기와 함께 살펴보며, 피타고라스 정리가 어떻게 발견되고 쓰였는지 이해해 보자.

줄만 있으면
어떤 거리든 구할 수 있다고?

고대에서 현대까지 닮음의 활용과 비

과거에 섬까지의 거리를 측정하려면 어떤 방법을 사용했을까?
그 답은 '닮음'에 있어. 간단한 도구와 수학적 지식을 이용해 거리를 측정하는 방법을 배우면서
우리 주변에 숨어 있는 닮음의 원리를 알아보자.

학습 키워드	#닮음 #측량
교과 연계	초6 〉비와 비율
	중2 〉도형의 닮음

요즘에는 다양한 측량기기들이 만들어져서 어떤 거리라도 쉽게 구할 수 있어. 비교적 가까운 거리는 레이저를 이용한 측량기를 이용하면 되고, 인공위성과 GPS를 이용하면 그 어떤 거리라도 쉽게 잴 수 있지. 측량기의 기능이 점차 발달하면서 측정 오차도 점점 줄어들고 있어. 과거에는 어땠을까? 피타고라스가 태어나기 한참 전으로 거슬러 올라가 볼까? 만약 바닷가에 섬이 있고, 섬까지의 거리가 얼마나 되는지 측정하고 싶다면 어떻게 했을까? 당시 측량을 위해 자주 사용한

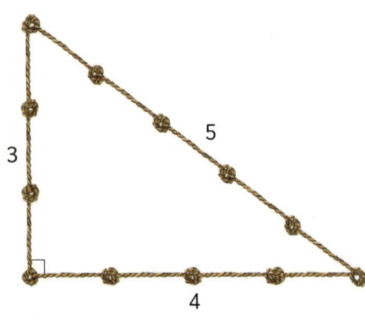

도구는 줄과 매듭이었어. 같은 길이의 줄 12개를 매듭짓고 3개, 4개, 5개를 변으로 하는 삼각형을 만들면 직각삼각형을 만들 수 있지. 3, 4, 5는 피타고라스의 수니까! 그래서 이 매듭을 이용해서 직각을 만들어 건축에 활용했던 거야.

이제 이 매듭을 이용해서 저 멀리 있는 섬까지의 거리를 구해 볼까? 먼저 섬을 정면으로 바라보고 서서 현재 자리를 표시해. 그리고 직각삼각형 매듭으로 섬과 나를 잇는 가상의 선과 수직인 방향을 찾는 거야. 수직인 방향으로 반듯이 걸어가며 처음에 있었던 지점과 섬이 이루는 각도가 직각삼각형의 3개 매듭과 5개 매듭이 이루는 각과 같아지는 지점을 찾아보자. 섬과 처음 서 있었던 지점, 각도가 같아지는 지점을 이은 커다란 삼각형은 매듭으로 만든 직각삼각형과 모양이 닮았을 거야. 세 각의 크기가 같고 대신 모양만 훨씬 커진 것을 알 수 있지. 따라서 이를 이용하면 섬까지의 거리를 구할 수 있었어. 만약 처음 위치에서 이동한 위치까지의 거리가 300m라면 이

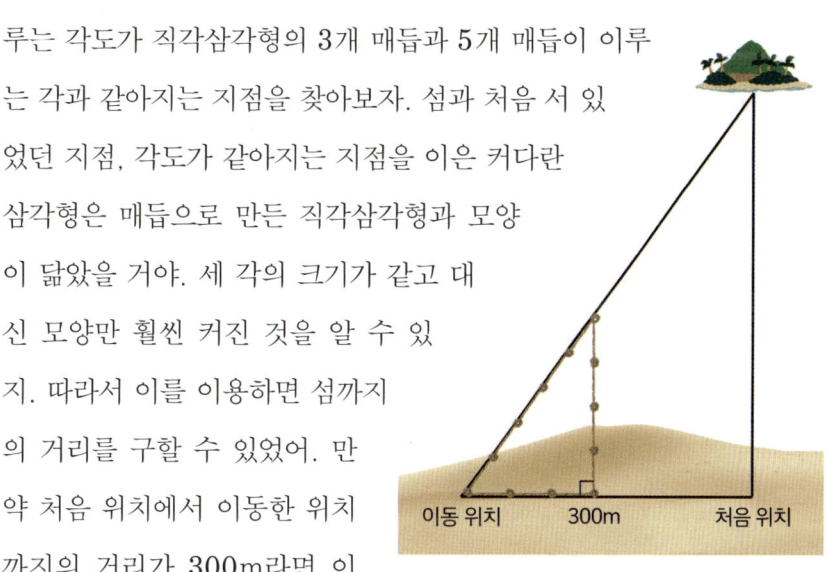

변에 대응하는 매듭은 3칸이고, 섬까지의 거리는 매듭 4칸이니까, 섬까지의 거리는 400m라는 것을 쉽게 알 수 있었지.

수학적인 닮음을 활용하는 법

이처럼 문제를 해결하기 위해 크기를 줄이거나 늘려서 만들어진 도형을 '닮은 도형'이라고 해. 일상생활에서 사용하는 '닮았다'는 의미

와 수학에서 사용하는 '닮음'은 다른 거야. 수학에서의 닮음은 한 도형을 일정한 비율로 확대하거나 축소한 도형이 다른 도형과 합동이 될 때를 말하지. 이럴 때 두 도형은 '닮음인 관계'에 있다고 하고, 두 도형은 '닮은 도형'이라고 해. 수학에서의 닮음은 주로 미지의 길이를 구하기 위한 수단으로 사용되는 경우가 많았어. 그래서 얼마나 확대하거나 축소했는지 그 비율이 중요했지. 이 비율을 '닮음비'라고 해. 섬까지의 거리를 구하는 문제에서는 닮음비가 100m:1 매듭이 되는 거지.

닮음을 알면 합리적인 소비자가 될 수 있어. 만약 반지름이 10cm인 피자와 15cm인 피자가 각각 만원과 2만 원에 판매되고 있다면 무엇을 사야 할까? '10cm에서 겨우 5cm 늘이고 가격은 두 배나 올리다니! 당연히 피자 10cm짜리를 사야지!' 하고 생각하지 않았니? 한번 자세히 살펴볼까? 피자의 모양은 원이니까, 반지름 10cm인 피자의 면적은 100π이고 15cm인 피자의 면적은 225π야. 다시 말해, 2만 원으로 반지름 10cm짜리 2판을 산다면 면적 200π의 피자를 사는 것이고, 2만 원으로 반지름 15cm짜리 피자 한 판을 산다면 면적 225π를 사는 거니까, 반지름 15cm 피자를 사는 것이 더 유리해. 왜냐하면 모든 원은 항상 닮음 도형이고, 닮음 도형의 닮음비가 m:n이면 넓이의 비는 $m^2:n^2$이 되기 때문이야. 그 이유는 넓이를 구하는 방법에 있어. 넓이를 구하는 모든 공식에는 해당 도형의 길이와 관련된 값을 두 번 곱하곤 해. 원의 넓이(πr^2)에서는 반지름이 2번 곱해지고, 직사각형은 (가로)와 (세로)가, 삼각형은 (밑변)과 (높이)가 곱해지는 식이지. 따라서 도형을 그대로 2배 늘리면 넓이는 4배(2×2)가 되고, 5배 늘리면 넓이는 25배(5×5)가 되는 거야.

1. 다음 빈칸에 알맞은 답을 써 보자.

> 수학에서의 닮음은 한 도형을 일정한 _____(으)로 확대하거나 축소하여
> 다른 도형과 _____(이)가 될 때를 말한다.

2. 섬까지의 거리를 재기 위해 고대 사람들이 사용한 도구 중 직각을 만드는 데 주로 사용한 줄 매듭의 비율은 무엇일까?

_____

_____

3. 닮음비가 2:3인 입체도형의 부피비를 구해 보자.

_____

_____

_____

_____

_____

_____

_____

_____

더 알고 싶어 119　　　　　📖 도서　▷ 영상　🔍 사이트

📖 『**이런 수학은 처음이야**』 (최영기, 21세기북스, 2020)
　옛 건축과 예술 속 비율을 따라가며 닮음이 어떻게 쓰였는지 이해해 보자.

▷ **가슴 아픈 한반도 근대 지도**
　일제 강점기 시대 측량 이야기를 보며 자기 생각을 이야기해 보자.

모든 길이를 구할 수 있는 마법의 표가 있다고?

고대 측량 도구에서 현대 삼각법까지

고대의 히파르코스는 삼각법을 활용해서 지구의 크기부터 별까지의 거리까지
다양한 길이를 구했어. 히파르코스의 아이디어와 삼각비를 통해
고대 수학자들이 어떻게 신비로운 자연 현상을 해석했는지 알아보자.

학습 키워드 #삼각비 #측량 #직각삼각형
교과 연계   초6 〉 비례식과 비례배분   중3 〉 삼각비   고2 〉 대수 〉 삼각함수

아주 오랜 과거에는 밧줄 하나로 섬까지의 거리를 구했던 것처럼 알지 못하는 길이를 구해야 하는 상황이 많았어. 건물의 높이나 산의 높이, 심지어 지구의 크기나 별까지의 거리를 밧줄 하나로 측정하기에는 한계가 있었어. 기원전 150년경 우주를 사랑한 수학자 히파르코스는 삼각형을 이용해서 지구, 달, 태양의 크기를 구하고, 지구와 달 사이의 거리까지도 구했다고 해. 그런 그가 항상 가지고 다녔던 표가 있어.

히파르코스는 지구의 크기를 구하기 위해 약 4.8km의 높은 산에 올라갔어. 그리고 저 멀리 수평선을 바라보았지. 이때 시선과 지구의 반지름은 직각이 되고, 시선과 자신이 이루는 각도를 측정해 이 각도가 87.46°라는 것을 알아낸 거야. 이제 한 각이 87.46°인 직각삼각형을

정교하게 그려서 삼각형의 변의 길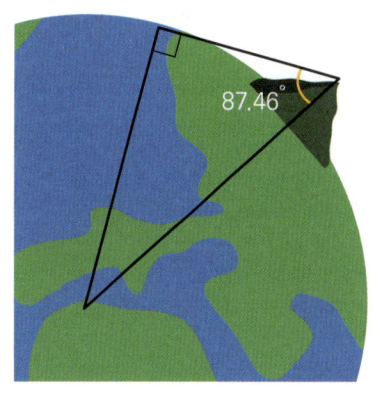
이를 각각 알게 되면 닮음을 이용해
서 지구의 반지름 길이를 알 수 있
게 되는 거지. 지구의 반지름 길이를
rkm라고 하면 직각삼각형의 빗변의
길이는 (r+4.8)km야. 커다란 직각
삼각형과 닮음으로 그린 직각삼각형
에서 $\dfrac{(높이)}{(빗변)}$=0.99924임을 계산해

놓은 히파르코스는 이 비율이 지구의 반지름을 높이로 하는 커다란 직
각삼각형에도 같다는 점을 이용해서 지구의 반지름이 약 6,311km라
는 답을 구했어.

$$\frac{r}{r+4.8}=0.99924$$

$$0.00076r=4.796352$$

$$r≒6311km$$

　　현재의 과학기술로 측정했을 때 약 6,400km니까 히파르쿠스가
지구의 반지름을 정확하게 계산했다는 걸 알 수 있지. 히파르쿠스는 매
번 문제를 해결하기 위해 정교한 삼각형을 그리거나 $\dfrac{(높이)}{(빗변)}$를 계산하
는 번거로움을 줄이기 위해 직각삼각형의 한 각도에 따른 $\dfrac{(높이)}{(빗변)}$의 값
을 적어 놓은 표를 가지고 다녔대. 그리고 각도를 측정한 뒤에 해당하
는 각도의 $\dfrac{(높이)}{(빗변)}$의 값을 이용해서 빠르게 계산했다고 해.
　　하지만 상황에 따라 다른 변들 사이의 길이비를 알고 있으면 도움
이 될 때도 많았어. 예를 들어 건물의 높이는 보통 땅에서 건물까지의

거리와 건물의 끝을 쳐다보았을 때 시선과 지표면이 이루는 각도를 통해 계산할 수 있어. 따라서 쉽게 높이를 구할 수 있도록 직각삼각형 변의 길이비를 적절하게 정리해 두는 게 좋아. 오른쪽에 한 각의 크기에 따른 직각삼각형의 $\frac{(높이)}{(빗변)}$를 표로 정리했어.

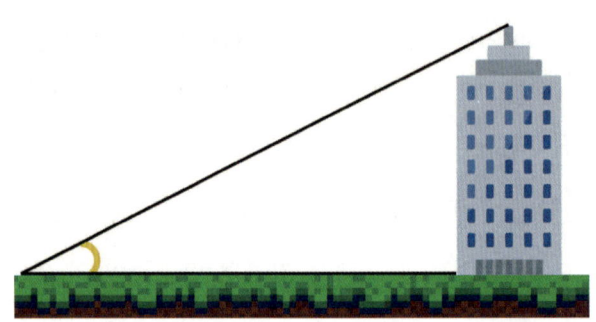

이렇게 직각삼각형의 두 변의 길이의 비를 미리 구해두면 문제 상황을 빠르게 해결할 수 있어. 이렇게 만들어진 비율을 '삼각비'라고 해. $\frac{(높이)}{(빗변)}$를 사인**sine**이라고 부르고, $\frac{(높이)}{(빗변)}$는 탄젠트**tangent**라고 부르지. 더 빠르고 편리하게 사용하기 위해 $\frac{(밑변)}{(빗변)}$ 길이의 비를 코사인**cosine**이라고 이름 붙여서 삼각비의 값을 계산해 두었지. 직각삼각형의 한 각에 따라 사인, 코사인, 탄젠트 값을 계산해 두고 쓴 거야. 이들을 간단히 줄여서 sin, cos, tan로 표시해. 예를 들어 sin4°=0.0698과 같이 나타낼 수 있어.

각도	sin	cos	tan	각도	sin	cos	tan
0°	0.0000	1.0000	0.0000	45°	0.7071	0.7071	1.0000
1°	0.0175	0.9998	0.0175	46°	0.7193	0.6947	1.0355
2°	0.0349	0.9994	0.0349	47°	0.7314	0.6820	1.0724
3°	0.0523	0.9986	0.0524	48°	0.7431	0.6691	1.1106
4°	0.0698	0.9976	0.0699	49°	0.7547	0.6561	1.1504
5°	0.0872	0.9962	0.0875	50°	0.7660	0.6428	1.1918
6°	0.1045	0.9945	0.1051	51°	0.7771	0.6293	1.2349
7°	0.1219	0.9925	0.1228	52°	0.7880	0.6157	1.2799
8°	0.1392	0.9903	0.1405	53°	0.7986	0.6018	1.3270
9°	0.1564	0.9877	0.1584	54°	0.8090	0.5878	1.3764
10°	0.1736	0.9848	0.1763	55°	0.8192	0.5736	1.4281

앞에서 살펴본 건물의 높이를 구하는 상황처럼 건물에서 1000m 떨어진 지점에서 건물을 바라본 각도가 10°였다면 1000m에 tan10° 값인 0.1763을 곱해서 건물의 높이가 1000m×0.1763＝176.3m라는 걸 쉽게 알 수 있어.

1. 어떤 건물에서 800m 떨어진 지점에서 건물 꼭대기를 바라본 각이 10°라면 건물의 높이는 약 몇 m일까? (tan10° = 0.1763)

2. sin30°, cos30°, tan30° 값을 구해 보자.

 더 알고 싶어 119　　📖도서　▷영상　🔍사이트

📖『**재밌어서 밤새 읽는 수학 이야기: 파이널편**』(사쿠라이 스스무, 더숲, 2013)
'제3장'을 읽고 옛 측량 도구가 어떻게 거리를 재고 높이를 구했는지 살펴보며 삼각법의 핵심 아이디어를 이해해 보자.

▷ **63빌딩의 높이를 재어라!**
영상을 보며 실제 건물의 높이를 삼각법으로 구하는 과정을 따라가 보자.

142

원형이 아닌 팽이도 있다고?

팽이와 삼각형을 통해 알아본 무게중심의 비밀

팽이들이 쓰러지지 않고 잘 돌기 위해서는 무게중심이 맞아야 해.
팽이를 통해 무게중심이 뭔지 배우고, 삼각형의 무게중심을 찾아보는 시간을 가져 볼까?

학습 키워드 #무게중심 #증명
교과 연계 중2 〉 도형의 닮음

　팽이 돌려 본 적 있니? 팽이는 모양이 원형이라는 특징을 가지고 있어. 그런데 원은 모든 방향에서 대칭을 이루고 있잖아. 그래서 어떤 방향으로 접더라도 항상 완벽하게 반으로 접을 수 있어. 이러한 대칭성이 균형을 잡는 데 유리하기 때문에 원형 팽이는 안정적으로 돌 수 있지. 하지만 팽이를 원형으로만 만들 수 있는 건 아니야. 다른 도형도 원의 중심과 같은 균형점을 찾을 수만 있다면 팽이를 만들 수 있어. 원의 중심처럼 도형의 균형을 이루게 하는 점을 우리는 '무게중심'이라고 불러. 아마 손가락 위에 책이나 공책을 올려서 돌리거나, 공을 손가락으로 돌리려고 시도해 본 적 있을 거야. 손을 가져다 댄 그곳이 도형의 무게중심이라면 균형이 잡히기 때문에 회전시킬 수 있는 거야.

팽이도 무게중심을 잘 찾기만 한다면 어떤 모양의 팽이든 만들 수 있어. 한번 만들어 볼까? 두꺼운 도화지나 폼 보드 같은 곳에 원하는 팽이 모양을 그린 다음에 자르면 돼. 이제 무게중심을 찾아야겠지? 먼저 팽이의 한쪽 끝에 작은 구멍을 뚫어서 실에 매달면 중력 때문에 자연스럽게 실을 기준으로 좌우로 무게가 동일하게 나눠질 거야. 이를 정확하게 확인하기 위해 추가 달린 실을 앞에서 뚫은 구멍에 매달아서 추가 달린 실이 지나는 위치를 표시해. 그런 다음에 팽이 방향을 돌려서 구멍을 뚫고 위의 방법을 다시 한번 반복해 봐. 그러면 팽이에 생긴 두 개의 선이 만나는 위치를 찾을 수 있을 거야. 바로 그곳이 팽이의 무게중심이야. 이 점에 팽이의 축을 연결해서 돌리면 아마 팽이가 잘 돌겠지.

삼각형의 무게중심 찾기

팽이를 만들 때처럼 하면 삼각형의 무게중심도 찾을 수 있어. 삼각형의 한 꼭짓점에 실을 매달아 세우고, 같은 위치에 추가 달린 실을 늘어뜨리면 실은 실을 매단 꼭짓점이 마주 보는 대변의 중심을 지날 거야. 꼭짓점과 대변의 중심을 이은 선을 '중선'이라고 하고 중선이 만나는 점이 무게중심이 되는 거지. 그런데 삼각형의 점은 3개잖아. 세 점을 각각 A, B, C라고 할 때, 분명 꼭짓점 A의 중선과 꼭짓점 B의 중선은 만나겠지. 꼭짓점 B의 중선과 꼭짓점 C의 중선도 만날 거고 말이야. 마찬가지로 꼭짓점 A의 중선과 꼭짓점 C의 중선도 만날 테니까, 어쩌면 삼각형의 무게중심은 1개가 아닐 수도 있어. 그런데 삼각형의 무게중심이 하나가 아니라면 뭔가 이상해. 삼각형을 손가락에 올려놓았을 때 균형을 잡는 점이 여러 군데라는 건 이상하잖아.

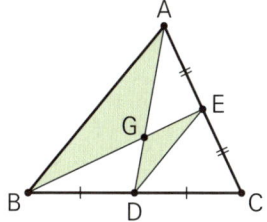 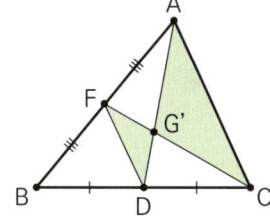

　사실 삼각형의 세 중선은 항상 한 점에서 만나게 돼. 꼭짓점 A와 B의 중선의 교점과 꼭짓점 A와 C의 중선의 교점이 같은 점이기 때문이야. 먼저 꼭짓점 A와 B의 중선의 교점을 G라고 하고 $\overline{DE}$를 추가해서 두 개의 삼각형을 만들면, 이 두 삼각형은 닮음비 2:1을 갖는 닮은 도형이 돼. 따라서 $\overline{AG}:\overline{GD}=2:1$이지. 다시 말하면 점 G는 $\overline{AD}$를 삼등분한 점 중 하나라는 말이야. 같은 방식으로 꼭짓점 A와 C의 중선의 교점을 G′이라고 나타내면, $\overline{FD}$를 추가해 만들어진 두 개의 삼각형은 2:1 닮음이고 $\overline{AG'}=\overline{G'D}=2:1$이 되는 거지. G와 마찬가지로 G′은 $\overline{AD}$를 삼등분한 점이 돼. 따라서 G와 G′는 같은 점이 될 수밖에 없어. 따라서 삼각형의 세 중선은 모두 한 점 G를 지난다는 것을 알 수 있지. 이렇게 삼각형의 무게중심이 유일하다는 것을 확인할 수 있어.

　수학은 이처럼 당연해 보이는 것을 정확하게 설명하는 방법을 찾는 과정이야. 너희도 수학의 원리를 증명하는 과정에서 놀라운 아이디어를 발견하려는 마음을 가진다면 수학의 매력에 빠질 수 있을 거야.

1. 삼각형 ABC의 무게중심이 G일 때 삼각형 ABG, 삼각형 ACG, 삼각형 BCG의 넓이가
   모두 같다는 걸 증명해 보자.

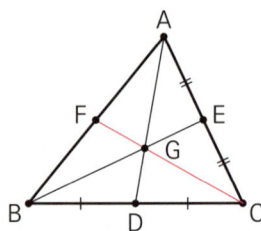

더 알고 싶어 119

📖 도서   ▷ 영상   🔍 사이트

📖 『이런 수학은 처음이야』(최영기, 21세기북스, 2020)
　 삼각형의 세 중선을 그려 무게중심이 어디에 위치하는지 확인해 보자.

▷ 무게중심을 찾아라
　 영상 속 다양한 물체의 균형 잡히는 지점을 관찰하며 무게중심이 물체의 안정성에
　 어떤 역할을 하는지 이해해 보자.

통신망 확대를 위해 새로운 통신센터는 어디에 세워야 할까?

세 점에 이르는 거리가 같은 점, 외심

효율적인 통신망을 갖추기 위해서는 통신 타워를 세우는 장소가 중요해.
원래 있던 통신 타워와 적당한 거리를 유지하려면 삼각형의 외심을 찾는 법을 알아야 하지.

학습 키워드 #외심 #수직이등분선 #외접원 #최적의위치선정
교과 연계 중2 〉 삼각형과 사각형의 성질

　　빠르고 안정적인 통신망을 만들기 위해서는 새로운 통신 타워를 세워야 해. 가장 중요한 건 원래 있던 통신 타워들과 적당한 거리에 새로운 통신 타워를 설치하는 거야.

　　다음과 같이 세 점 A, B, C에 통신 타워가 있다면 새로운 통신 타워는 어디에 세워야 할까?

　　통신 품질은 통신 타워와 거리가 멀수록 떨어지기 때문에 원래 있던 세 개의 통신 타워와의 거리가 모두 같은 지점에 새로운 통신 타워를 세우기로 정했어. 새로운 통신 타워가 들어서는 점 O와 원래 있던 통신 타워인 점 A, B, C까지의 거리가 같은 곳을 찾는 거야. 점 O를 원의 중심으로 하고 다른 통신 타워까지의 거리를 반

지름으로 하는 원을 그리면 점 A, B, C는 모두 그 원 위에 자리하게
돼. 이때 원 O는 삼각형 ABC에 외접하고 있어서 삼각형 ABC의 외접
원이라고 하고, 외접원의 중심인 점 O는 외심(외접원의 중심)이라고 부
르지.

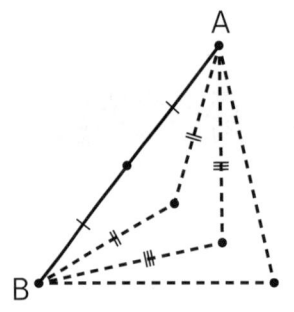

삼각형의 외심은 어떻게 찾을 수 있
을까? 두 점에 이르는 거리가 같은 점 중
에서 가장 쉽게 찾을 수 있는 점은 당연히
두 점 A, B의 중점이야. 그리고 선분 AB
의 절반 길이보다 길게 컴퍼스를 벌려서
점 A와 점 B에서 각각 돌렸을 때 만나는
점들을 찍으면 모두 점 A와 점 B에 이르는 거리가 같은 점들이 돼. 이
러한 점들을 모두 모으면 선분 AB의 수직이등분선이 되지. 즉 두 점 A,
B에 이르는 거리가 같은 점들은 선분 AB의 수직이등분선 위에 놓이
게 돼. 마찬가지로 점 A와 점 C에 이르는 거리가 같은 점들은 선분 AC
의 수직이등분선 위에 있고, 점 B와 점 C에 이르는 거리가 같은 점들
은 선분 BC의 수직이등분선 위에 있게 되지. 따라서 세 점 A, B, C에
이르는 거리가 같은 점은 삼각형 세 변의 수직이등분선의 교점이 되고,
이 점이 삼각형의 외심이 되는 거야.

세 변의 수직이등분선은 정말 한 점에서 만날까? 먼저 AB와 AC
의 수직이등분선을 그려서 그 교점을 O라고 할게.

그러면 $\overline{BC}$의 수직이등분선이 점 O를 지나는지 확인해 보자. 수직이
등분선을 그어 놓으면 점 O를 지나는 것처럼 보이지만 논리적으로 점 O
를 지난다고 말하기는 쉽지 않아. 그래서 먼저 점 O에서 $\overline{BC}$에 수선을 그
리고 수선과 $\overline{BC}$의 교점을 D라고 하자.

수선($\overline{OD}$)가 $\overline{BC}$의 중점을 지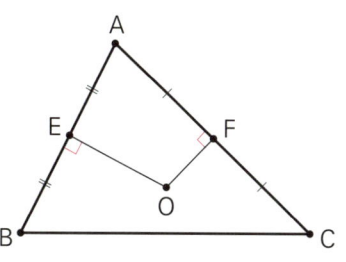
난다는 사실을 확인하면 $\overline{OD}$가 $\overline{BC}$
의 수직이등분선이라는 걸 알 수
있어. 따라서 두 변의 길이가 같다
($\overline{BD}=\overline{CD}$)는 사실을 확인하면 돼.
변의 길이가 같다는 건 보통 삼각형
의 합동을 이용해서 설명할 수 있어.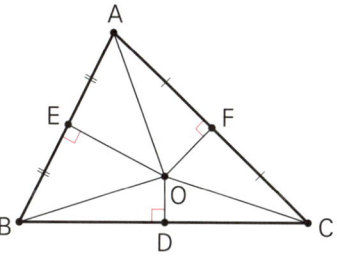
△OBD와 △OCD가 합동이라는 걸
증명한다면 $\overline{BD}=\overline{CD}$가 되고, $\overline{OD}$가
$\overline{BC}$의 수직이등분선이 되니까 $\overline{BC}$의
수직이등분선이 점 O를 지나고, 마
침내 삼각형 세 변의 수직이등분선은 한 변에서 만난다는 것이 증명되
는 거지.

△OBC는 이등변삼각형이니까 ∠B=∠C야. 그리고 두 삼각형 모
두 ∠D=90°이지. 삼각형의 내각의 총합은 항상 180°로 일정하니까 남
은 한 각 ∠BOD와 ∠COD는 같아. 여기에 $\overline{OA}=\overline{OC}$이고 $\overline{OD}$는 두 삼각
형에 동시에 들어 있는 변이니까 두 삼각형에서 대응하는 두 변의 길이가

같고 그 끼인 각이 같아져서 △OBD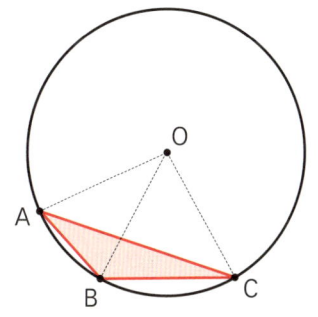
와 △OCD는 합동이 되는 거지.

외심은 삼각형 모양에 따라 그
위치를 크게 세 가지로 분류할 수
있어. 예각삼각형이면 삼각형의 내
부, 둔각삼각형이면 삼각형의 외부,
그 경계인 직각삼각형이면 빗변의 중심에 외심이 자리하게 되지.

1. 다음 빈칸에 알맞은 답을 써 보자.

> 삼각형의 세 꼭짓점에서 거리가 모두 같은 점을 _____(이)라고 하며 이 점
> 을 중심으로한 원을 _____(이)라고 한다.

2. 세 개의 통신 타워가 있을 때 새로운 통신 타워의 위치를 세 통신 타워와의 거리가 똑
   같은 곳에 만드는 방법 외에 어떤 합리적인 방법이 있을까?

 더 알고 싶어 119　　　　　📖 도서　▷ 영상　🔍 사이트

📖 『**오일러가 들려주는 삼각형의 오심 이야기**』 (배수경, 자음과모음, 2008)
　　삼각형의 세 꼭짓점에서 같은 거리에 있는 점이 왜 외심이 되는지 생각해 보며 외
　　심의 성질을 이해해 보자.

▷ **수막새를 복원하는 외심**
　　전통 건축 속 수막새 문양을 복원하는 과정을 보며 외심이 실제 제작에 어떻게 활
　　용되는지 이해해 보자.

대각의 크기의 합이 180°인
사각형을 아니?

사각형의 외심 찾기는 가능할까?

삼각형의 외접원은 중심을 찾는 방법이 있지만 사각형은 어떨까?
사각형의 네 꼭짓점에 이르는 거리가 같은 점이 항상 존재할까?
사각형의 외접원이 존재할 가능성과 그 특별한 조건을 탐구해 보자.

학습 키워드 #외심 #외접원 #내접사각형 #중심각 #원주각
교과 연계 중2 > 삼각형과 사각형의 성질
         중3 > 원의 성질

사각형의 네 개의 점 중 세 개를 선택하면 항상 선택한 세 개의 점을 지나는 원을 그릴 수 있어. 그리고 다른 세 개의 점을 선택해도 선택된 세 개의 점을 지나는 원을 그릴 수 있지. 일반적으로 이렇게 사각형의 서로 다른 세 점을 선택해서 만든 외접원은 일치할 리 없어. 아주 특별한 경우만 제외하고 말이야.

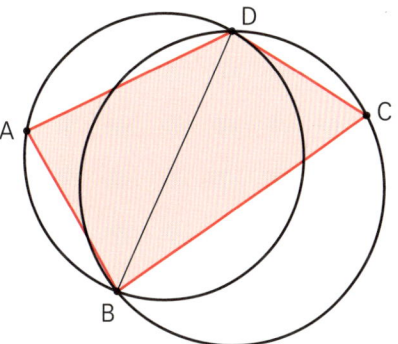

세 점이 주어지면 앞의 그림과 같이 삼각형의 외심을 찾아서 외접원을 그릴 수 있어. 이제 점을 하나 추가해서 원이 외접하는 사각형을 만들려면 원 위의 점을 선택하는 방법밖에 없어. 호 AC 위에 점 D를 하나 찍고 삼각형을 사각형으로 만들어 봐. 서로 다른 곳에 점을 찍어서 같은 원에 내접하는 서로 다른 사각형을 만드는 거야.

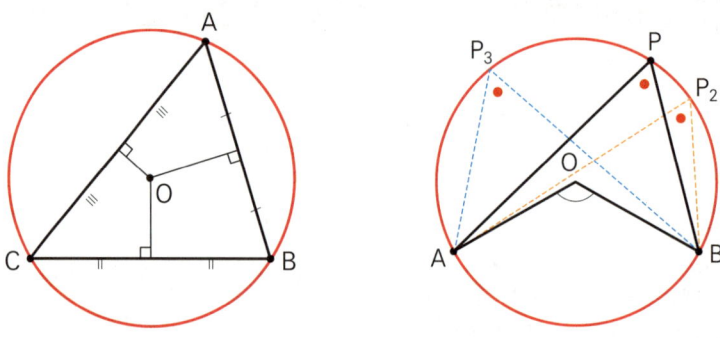

원에 내접하는 사각형에는 어떤 공통점이 있을까? 각도기를 이용하면 사각형의 마주 보는 두 각의 크기의 합이 모두 $180°$라는 사실을 알 수 있어. 점 D의 위치가 같지 않아도 $\angle B + \angle D$가 $180°$로 유지된다는 사실이 흥미로워. 그런데 $\angle B$의 크기는 고정되어 있으니까 호 AC 위의 어떤 점을 택해도 $\angle D$가 일정하다는 것을 알 수 있지. 너가 그린 사각형의 $\angle D$는 둔각이라서 예각으로 그려지도록 그림을 그리면 다음과 같아. 이 경우 호 AB 밖에 새로운 점 P가 찍히고, 호 AB 밖에 어떤 점을 잡든지 $\angle P$의 크기는 같아. 우리는 이 각을 호 AB에 대한 원주각이라고 불러.

이런 원주각의 성질 때문에 원에 내접하는 사각형은 항상 대각 크기의 합이 $180°$가 돼. 왼쪽 페이지 그림을 잘 보면 호 AB에 대한 중심각

(∠AOB)은 P가 어떤 점에 찍히든 상관없이 ∠P의 정확히 2배야.

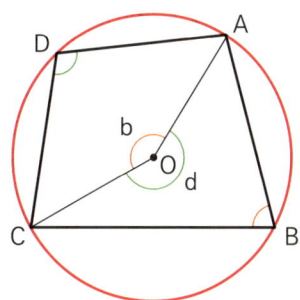

사각형이 원에 내접하면 $\angle B = \frac{1}{2}$ ∠b이고, $\angle D = \frac{1}{2}$ ∠d인데 ∠b+ ∠d=360°니까 마주 보는 두 각의 합 ∠B+∠D는 그 절반인 180°가 되는 거지.

이제 우리가 풀어야 할 숙제는 한 호에 대한 중심각이 원주각의 2배가 되는 이유를 찾는 거야. 중심각이 원주각 크기의 2배라는 사실을 증명한다면 한 호에 대한 원주각의 크기가 같다는 사실을 입증하게 되는 거지.

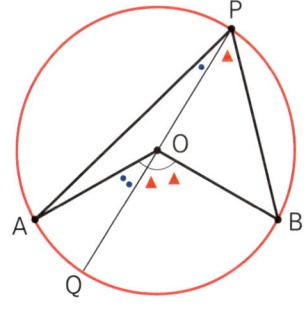

점 P를 지나는 지름을 그리면 △OPA와 △OPB가 생기는데, 원의 반지름을 이용해서 만들어진 삼각형이니까 모두 이등변삼각형이야. 따라서 ∠OPA=∠OAP가 되고, 삼각형의 두 내각의 합은 나머지 한 각의 외각의 크기와 같아서 ∠AOQ=2∠APO가 돼.

마찬가지로 ∠BOQ=2∠BPO가 되어서 ∠O=2∠P가 성립하면서 중심각이 원주각의 2배임을 알 수 있지.

1. 다음 빈칸에 알맞은 답을 써 보자.

> 사각형의 원 안에 들어가서 네 꼭짓점이 모두 원 위에 있는 경우
> 이 사각형을 _____(이)라고 하고 이때 마주 보는 두 각의 합은
> 항상 _____이다.

2. 다음 사각형에 외접하는 원을 그릴 수 있을까? 그 이유를 이야기해 보자.

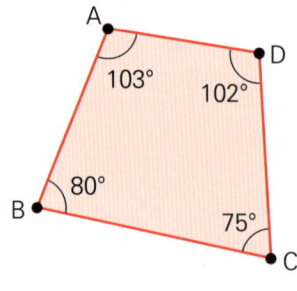

 더 알고 싶어 119　　　　　　　　　　📖 도서　▷ 영상　🔍 사이트

📖 『오일러가 들려주는 삼각형의 오심 이야기』 (배수경, 자음과모음, 2008)
　　사각형에서도 모든 꼭짓점과 같은 거리에 있는 점이 존재할지 생각해 보자.

▷ **원주각은 왜?**
　　원과 연결된 각의 성질을 영상으로 확인하며 사각형이 언제 원 위에 놓일 수 있는
　　지 생각해 보자.

삼각형 모양의 시계도 있을까?

삼각형이나 사각형 테두리를 따라 정확하게 회전하는 시계를 만들려면
어떻게 해야 할까? 삼각형과 사각형의 내접원과 외접원을 이용해서
아름답고 균형 잡힌 시계를 만드는 방법을 알아보자.

학습 키워드 #내심 #내접원 #각의이등분선 #시계디자인 #삼각형시계 #사각형시계 #접선
교과 연계 중2 〉 삼각형과 사각형의 성질
중3 〉 원의 성질

　　시계는 보통 동그란 모양이야. 시곗바늘이 돌아가면 시곗바늘 끝
이 원을 그리기 때문이지. 그래서 시계 지름을 시곗바늘의 지름보다 길
게 하면 시계를 쉽게 만들 수 있어. 만약 시계를 삼각형으로 만들려면
어떻게 해야 할까? 삼각형의 테두리를 만들고 짧은 시곗바늘을 이용하
면 시곗바늘이 회전해도 시계의 테두리와 부딪히지 않게 만들 순 있겠
지. 이왕이면 정확한 중심을 잡고, 시곗바늘도 최대한 길게 만들어서
균형 잡히고 아름다운 시계를 만들어 보고 싶다면 어떻게 해야 할까?

　　시곗바늘이 회전하는 자취는 정확히 원을 그리게 돼. 따라서 삼각
형 안에 들어가는 가장 큰 원을 찾으면 될 것 같아. 먼저 원을 그릴 때
최대한 변에 닿게 그려야 원을 크게 그릴 수 있어. 그래서 그림과 같이

두 변에 맞닿게 원을 그리면서 점차 원을 조금씩 키우다 보면 원이 나머지 한 변과 접하는 지점이 생겨. 바로 그 원이 가장 큰 원이 될 거야.

조금씩 키워 가며 그렸던 원의 중심들은 모두 하나의 직선 위에 있다는 걸 확인할 수 있어. 바로 이 직선이 각의 이등분선이야. 생각해 보면 사실 당연해. 원을 삼각형의 두 변에 맞닿게 그렸다는 것은 원의 중심과 삼각형의 두 변까지의 거리가 반지름으로 서로 같다는 것을 뜻하니까 삼각형의 두 변을 마주 보게 접어서 생긴 선 위에 원의 중심이 있을 수밖에 없게 되거든. 삼각형의 두 변을 포개서 생긴 선이니까 각을 이등분한 선이 되는 거지.

이 사실을 이용하면 삼각형에 내접하는 원을 더 쉽게 찾을 수 있어. 삼각형의 무게중심이나 외심을 찾을 때와 같은 방법으로 중심부터 찾아보자. 다른 쪽에서도 같은 방법을 적용해서 만나는 점을 찾는 거지. 무게중심에서는 세 꼭짓점에서 각각 중선을 그어서 교점을 찾았고, 외심에서는 세 변의 수직이등분선을 각각 그어서 교점을 찾았어. 삼각형에 내접하는 원의 중심, 즉 내심을 찾는 일도 이와 같아. 두 변에 접하는 원을 키워 가며 그렸던 원의 중심의 자취는 각의 이등분선이었으니까, 세 각의 이등분선을 각각 그리고 그 교점을 찾으면 내심을 찾을 수 있어.

내심을 찾았다면 이제 시곗바늘을 최대한 길게 그려 볼까? 내심에서 세 변에 수선의 발을 내리고, 내린 수선의 길이를 반지름으로 하는 원을 그리면 정확히 삼각형에 내접하는 내접원이 그려져. 이 반지름 길이로 시곗바늘을 만들면 가장 길고 균형 잡힌 삼각형 시계를 만들 수 있지.

사각형 시계 만들기

이제 사각형의 네 변을 모두 스치듯 지나가는 시곗바늘이 있는 사각형 시계도 만들어 볼까? 이는 '임의의 사각형에 항상 내접하는 원을 그릴 수 있는가?'와 같은 뜻이야. 하지만 이것이 불가능하다는 사실은 여러 사각형을 그려 보면 쉽게 알 수 있어. 다음과 같은 길쭉한 직사각형의 네 변에 모두 내접하는 내접원은 그릴 수 없겠지?

따라서 사각형 시계를 만들려면 먼저 원을 그린 뒤에 원의 바깥에서 접하는 사각형을 그리는 것이 효과적이야. 다음과 같이 사각형을 그리고, 접선을 4개 그어서 사각형을 만들어 봤어.

이 사각형에는 한 가지 놀라운 비밀이 숨어 있어. 바로 사각형의 마주 보는 변 길이의 합이 서로 같다는 점이야. 사각형의 한 꼭짓점에서 원과의 접점을 보면 꼭 아이스크림콘처럼 생겼어. 그래서 꼭짓점에서 두 접점까지의 거리는 같아지는 거야. 따라서 오른쪽 그림처럼 마주보는 두 변의 길이의 합은 같아지게 돼.

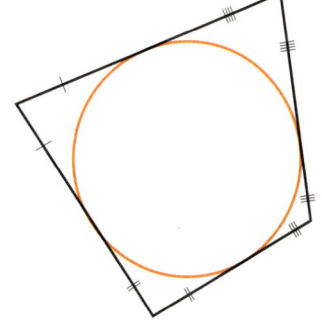

1. 다음 빈칸에 알맞은 답을 써 보자.

> 삼각형 안에 들어가는 가장 큰 원의 중심을 _____(이)라고 하고
> 이 원을 _____(이)라고 한다.

2. 아래 그림과 같이 원 O가 □ABCD와 네 점 P, Q, R, S에서 접하고, $\overline{AP}=3$, $\overline{BQ}=5$, $\overline{CQ}=3$이고 □ABCD의 둘레의 길이가 26일 때, x의 값을 구해 보자.

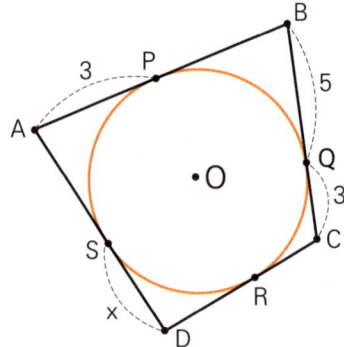

 더 알고 싶어 119   📖 도서 ▷ 영상 🔍 사이트

📖 『오일러가 들려주는 삼각형의 오심 이야기』(배수경, 자음과모음, 2008)
삼각형과 사각형 안에 원을 그려 시계 디자인을 해 보며 내접원의 중심이 어떻게
정해지는지 이해해 보자.

▷ 삼각형과 원의 합체, 내심과 외심
영상 속에서 내심과 외심이 만들어지는 과정을 관찰하며 두 점의 역할을 비교해
보자.

측량사

우리가 사는 도시와 도로, 그리고 건물이 정확한 위치에 지어지기 위해선 뭐가 필요할까? 바로 땅의 높이, 거리, 경계를 정확하게 재는 일이야. 그리고 이 작업을 전문적으로 하는 사람이 바로 측량사지! 세상을 더 정확하게 이해하고, 안전한 공간을 만드는 데 꼭 필요한 직업이야. 우리 측량사에 대해 자세히 알아볼까?

측량사란 무엇일까?

측량사는 토지나 공간, 자연 자원의 위치, 크기, 형태를 정하기 위해 전문적인 측량을 담당하는 사람들이야. 측량은 건축, 도시 계획, 토목 공학 사업을 시작할 때 꼭 필요해. 정확하게 측량을 해야 부동산 개발이나 환경 관리, 공공사업을 효율적으로 진행할 수 있기 때문이지.

측량사가 되는 길

측량사가 되려면 고등학교에서 지리학, 수학, 물리학 같은 과목을 열심히 공부해야해. 대학교에 들어가서도 지리 정보 시스템(GIS), 측량학, 토목 공학과 같은 전문 교육을 받아야 하지. 졸업 후에는 실제 현장 경험을 쌓고 공인된 자격증을 따야 측량사가 될 수 있어.

측량사의 업무

측량사는 토지 측량, 건축 프로젝트를 위한 사이트 측량, 지적 측량 같은 일을 담당하고 있어. 현장에서는 고도로 정밀한 장비를 사용해서 측정하고, 사무실에서는 측량한 데이터를 분석해서 지도를 제작하거나 보고서를 작성하지.

측량사와 관련된 직업들

측량사는 도시 계획가, 건축가, 토목 엔지니어들과 협력하면서 일하고 있어. 이런 직업을 가지려면 모두 공간을 잘 이해해야 해. 측량사가 측량한 데이터와 분석은 이들이 진행하는 사업을 실현시키는 중요한 역할을 해.

측량사의 미래와 진로 가능성

드론 기술, 위성 이미지, 3D 스캐닝과 같은 혁신적인 기술의 발전은 측량 분야에 새로운 가능성을 열어 주었어. 기술 발전으로 측량의 정확도와 효율성이 획기적으로 높아지면서 측량사의 역할과 미래의 전망도 더욱 밝아지고 있단다.

4부

데이터와 가능성의
세계

통계 조사는 어떻게 이루어질까?

효과적인 데이터 표현을 위한 도수분포표와 히스토그램

통계는 수많은 데이터에서 정보와 패턴을 파악하는 훌륭한 도구야.
하지만 수많은 데이터를 알아보기 쉽게 시각화하고 분석하는 일은 쉽지 않아.
도수분포표와 히스토그램을 통해 데이터를 어떻게 쉽게 이해할 수 있는지 알아보자.

학습 키워드	#통계 #도수분포표 #히스토그램 #도수분포다각형 #데이터 시각화 #변량 #계급 #도수
교과 연계	초6 〉 여러 가지 그래프 중1 〉 도수분포표와 상대도수

통계는 여러 가지 자료를 수집하고 분석해서 우리가 이해하기 쉽게 숫자나 그래프로 보여 주는 거야. 예를 들어 학교에서 친구들이 좋아하는 과목을 설문 조사했다고 하면 다음과 같이 표를 그린 다음 막대그래프나 원그래프 등을 이용해 시각적으로 나타낼 수 있지.

좋아하는 과목	수학	국어	영어
학생 수	15	10	8

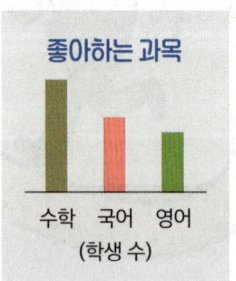

좋아하는 과목

수학 국어 영어
(학생 수)

이렇게 데이터를 모아서 알아보기 쉽게 정리하는 것은 우리가 세상을 더 잘 이해하는 데 큰 도움을 주는 유익한 일이야. 예를 들어 정부는 통계를 통해 국가의 여러 정보를 파악하고 더 나은 정책을 수립하기 위해 노력할 수 있어. 학교에서는 학생들이 학습 계획에 따라 공부를 잘하고 있는지 학업 성취도를 분석해서 더 나은 교육 방법을 찾을 수도 있지.

하지만 전체를 대상으로 모든 조사를 진행하는 건 쉬운 일이 아니야. 우리나라 가정의 경제 상황을 조사하려면 2,200만 가구를 넘게 조사해야 하잖아. 그래서 이렇게 규모가 큰 경우에는 표본을 추출해서 전체 중 일부만 조사하고 있어. 실제로 통계청에서는 매년 2만 가구를 표본으로 정해서 가계금융복지조사를 진행하고 있지.

가계금융복지조사를 통해 가구별 순자산과 수입, 지출 등 다양한 정보를 파악할 수 있어. 너희가 통계청에서 이 자료들을 정리한다고 생각해 봐. 너희가 맡은 일은 다음에 표시된 가구별 순자산 정보를 잘 정리해서 그래프로 나타내는 거야.

3,282만, 1억 382만, 268만, 3억 1,219만, 8,371만, …

(단위: 원)

2만 가구의 순자산 규모는 모두 달라서 좋아하는 과목을 표나 막대그래프로 나타냈던 것처럼 만들기는 어려워. 가구의 순자산을 적절히 정리하기 위해서는 먼저 구간을 나눠서 해당 구간에 속한 가구의 수를 계산해야 해. 예를 들어 순자산 규모를 2억 원 단위로 나누고, 해당 자산의 규모에 속한 가구의 수를 표로 나타내면 다음 페이지 그림과 같아.

우리는 이러한 표를 '도수분포표'라고 해. 도수분포표는 크게 계급과 도수로 나눌 수 있어. 통계에서는 3,814만 원처럼 수량으로 표시된 자료를 '변량'이라고 해. 이 변량을 일정한 간격으로 나눈 구간은 계

급이라고 하지. 그 계급에 속한 자료의 수
는 '도수'라고 해. 도수분포표로 나타내면
2만 개의 자료를 한눈에 파악할 수 있다는
장점이 있어. 상당히 많은 가구의 순자산
이 2억 원 미만에 몰려 있고 순자산 규모
가 커질수록 도수가 작아지는 것을 확인할
수 있어. 도수분포표의 계급은 가로축으
로, 도수는 세로축으로 표시하고 각 계급
의 크기는 가로로, 도수는 세로로 표현한
직사각형 그림을 '히스토그램'이라고 해.

순자산(계급)	가구 수(도수)
~ 2억 원	8898
2~4억 원	4294
4~6억 원	2509
6~8억 원	1297
8~10억 원	1002
10~12억 원	620
12~14억 원	380
14~16억 원	412
16~18억 원	288
18~20억 원	193
20억 원~	107
합계	20,000

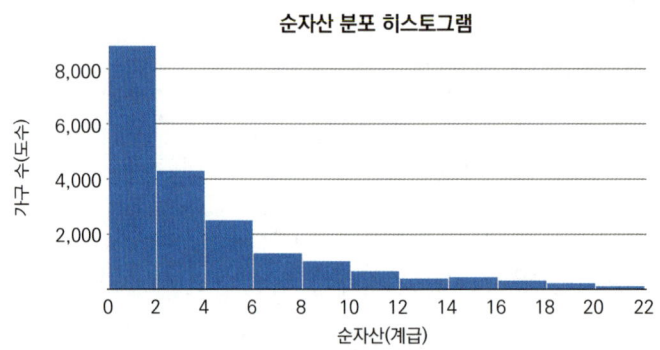

순자산 분포 히스토그램

이처럼 히스토그램은 자료가 어떻게 분포되어 있는지 한눈에 파악
할 수 있도록 도와줘. 자료를 히스토그램으로 나타내면 대칭인지 한쪽
으로 치우쳐 있는지 한눈에 알아볼 수 있어.

1. 다음 빈칸에 알맞은 답을 써 보자.

> 어떤 수량을 나타내는 자료를 _____, 자료를 일정한 간격으로 나눈 구간
> 을 _____, 각 구간에 속한 자료의 수를 _____(이)라고 한다.

2. 자료를 일정한 구간으로 나누어 정리한 표를 무엇이라고 할까?

----

3. 가구의 순자산 규모를 나타내는 도수분포표와 히스토그램을 보고 알 수 있는 사실을
   이야기해 보자.

더 알고 싶어 119

📖 도서　▷ 영상　🔍 사이트

📖 『함수, 통계, 기하에 관한 최소한의 수학지식』 (염지현, 가나출판사, 2017)
데이터를 구간별로 묶어 도수분포표와 히스토그램을 만들어 보고, 그래프의 모양
을 해석해 어떤 구간에서 값이 많이 나타나는지 스스로 설명해 보자.

▷ 통계로 보는 세상 영상 속 사례를 보며 데이터를 구간으로 나누어 표현할 때 보이
는 흐름과 특징을 이해해 보자.

🔍 국가통계포털 국가통계포털에 들어가 다양한 통계 자료를 확인해 보자.

평균은 항상 진실을 말할까?

평균의 함정: 중앙값과의 비교를 통한 자산 불평등 이해

통계는 우리가 세상을 더 잘 이해할 수 있도록 돕고 있어.
자료를 분석할 때는 단순히 평균만 보는 것이 아니라
다양한 대푯값과 통계치를 살펴보는 것이 중요해.

학습 키워드　#통계 #평균 #중앙값 #자산불평등 #대푯값 #경제 #통계해석
교과 연계　초5 〉 평균과 가능성
　　　　　　　중1 〉 대푯값

　우리 사회에는 수많은 사람들이 함께 살아가고 있어. 하지만 어떤 사람들은 많은 돈으로 풍족하게 사는 반면, 어떤 사람들은 아주 적은 돈으로 어렵게 살고 있지. 사람들이 갖고 있는 자산의 차이는 자본주의 사회에서 당연히 발생할 수 있는 일이지만 차이가 너무 많이 벌어지면 불만을 가진 사람이 늘어나서 사회가 혼란스러워질 수 있어. 그래서 정부는 가구별 자산의 불평등을 해소하기 위한 정책을 펴기 위해 가구별 자산에 대한 통계 조사를 하고 있어.

　앞에서 도수분포표로 순자산별 가구 분포를 살펴보았어. 통계 조사 결과 상대적으로 적은 자산을 가진 가구가 많은 걸 볼 때 빈부 격차가 크다는 걸 짐작할 수 있지. 이 도수분포표가 크게 와닿지 않을 수

도 있어. 그래서 통계청에서는 자산을 1등부터 차례로 나열해서 상위 10%, 20%…, 100%까지 각 구간에 속한 사람들의 평균 자산을 공개한 다음 상대적 위치에 따른 자산 분포를 보여 주기도 해. 다음 표처럼 자산이 가장 적은 하위 10%는 1분위, 자산이 가장 많은 상위 10%는 10분위로 나타냈어. 그리고 해당 분위 사람들의 평균 자산을 조사해서 정리했어.

(단위: 만 원)

	1분위	2분위	3분위	4분위	5분위	6분위	7분위	8분위	9분위	10분위
자산	-728	3,005	7,539	13,258	20,018	27,987	38,467	54,692	81,968	189,084

이렇게 보니까 가구별 상대적 위치에 따른 순자산 규모를 알아보기가 더 쉬워졌지? 이렇게 자료를 정리할 때 가장 먼저 계산하는 통계치가 바로 '평균'이야. 평균은 자료 전체를 하나의 숫자로 간단히 나타낼 수 있는 아주 좋은 방법이지. 전체 자료를 모두 더한 다음에 자료의 총수로 나누는 간단한 방법으로 계산할 수 있다는 장점 덕분에 많은 곳에서 사용되고 있어. 하나의 값으로 전체 자료를 대표하기 위해 사용하는 값을 '대푯값'이라고 해. 평균도 이 중 하나지만 평균은 대푯값으로 어울리지 않는 경우도 많아.

가구별 순자산 평균은 4억 3천만 원이야. 평균이라고 하면 '대부분 그 정도 자산 규모를 갖고 있겠지?'라고 생각하게 되잖아? 자산 규모가 전체에서 중간 정도 차지하는 가구의 순자산이 평균과 가까울 거라 생각하기도 하지. 그런데 절대 그렇지 않아. 순자산 규모가 가장 적은 사람부터 가장 많은 사람까지 한 줄로 세우면 한가운데 선 가구는 5분위와 6분위 사이에 설 거야. 그런데 실제 정확하게 한가운데 있는 가구의 순자산은 2억 2천만 원이야. 즉 전체 가구 중 절반이 2억 2천만 원 이하의 순자산을 갖고 있다는 거지. 그런데 평균은 거의 2배인 4억 3천만 원이라니 뭔가 이상하지 않아? 이는 자산의 양극화 때문에 자산이 많은 소수의 사람들이 평균을 높게 끌어올렸기 때문이야. 전체 가구의 총자산을 100이라고 했을 때 상위 10%가 43.5만큼 차지하고 나머지 하위 90%가 남은 56.5의 부를 갖고 있는 거지. 실제로 전체의 절반인 하위 50% 가구의 부를 모두 합쳐도 전체 자산의 10%가 채 되지 않는다고 해. 이러한 자산의 양극화로 평균이 자료를 대표하지 못하는 상황이 생겼을 때는 다른 대푯값을 이용하기도 해. 이번 경우에는 정확히 한가운데 있는 자료의 값인 2억 2천만 원이 이 자료를 이해하기 위해 더 맞는 거 같아. 이렇게 구한 값은 '중앙값'이라고 해. 이처럼 자료에 따라 단순히 평균만 제공하는 것이 아닌, 평균을 보완할 수 있는 중앙값 같은 다른 대푯값을 제공하는 것이 좋아. 통계청에서도 평균과 함께 중앙값을 제공하고 있어.

수많은 자료를 하나의 숫자로 나타내 주는 평균이 강력한 통계 도구라는 사실은 틀림없어. 하지만 평균만으로 자료를 바라보면 잘못된 결론을 내릴 수 있지. 그래서 평균을 낸 자료가 어떻게 분포되어 있는지, 중앙값과 평균이 비슷한지 반드시 살펴봐야 해. 이렇게 각 통계치에 어떤 의미가 있는지 생각하면서 통계를 살펴보는 습관을 기르길 바랄게. 이런 습관이 길러지면 더 정확하고 신뢰할 수 있는 정보를 얻는 데 큰 도움이 될 거야.

1. 평균과 중앙값의 차이가 많이 나는 자료는 어떤 특징이 있을까?

----

2. 다음 수들의 평균과 중앙값을 구해 보자.

> 3, 7, 8, 5, 12, 14, 21, 13, 18

----

3. 평균이 20인 7개의 수가 있어. 이 중 가장 큰 수를 49로 바꿨더니 평균이 23으로 증가했어. 원래 가장 큰 수는 얼마일까?

더 알고 싶어 119

📖 도서　▷ 영상　🔍 사이트

📖 **『수학은 어렵지만 확률통계는 알고 싶어』** (요비노리 다쿠미, 한스미디어, 2021)
평균과 중앙값이 다르게 나타나는 예를 읽으며 자산 분포가 왜 한 숫자로 설명되기 어려운지 생각해 보자.

▷ **평균은 정답이 아니다** 평균이 전체 상황을 왜곡할 수 있는 사례를 영상으로 살펴보며, 중앙값이 더 적절한 경우를 이해해 보자.

🔍 **통그라미** 공학 도구를 이용하여 통계 데이터를 효율적으로 처리해 보자.

급여의 평균 함정, 왜 이렇게 차이가 나지?

자료의 흩어진 정도를 나타내는 산포도

직장에 취직하기 전에는 여러 회사에서 월급을 얼마나 주는지 비교하는 게 매우 중요해. 겉보기엔 비슷해 보이지만 실제 급여에는 큰 차이가 있을 수 있기 때문이야. 평균과 중앙값이 같아도 급여 체계가 다른 이유와 급여를 더 자세히 비교하기 위한 표준편차 활용법에 대해 알아보자.

학습 키워드 #평균 #중앙값 #표준편차 #산포도 #편차 #분산 #데이터분석 #통계 해석
교과 연계 중1 〉 대푯값
　　　　　　중3 〉 산포도

　　취업 준비생 나능력 씨는 '사과'라는 회사와 '오성전자'라는 회사에 들어가길 꿈꾸고 있어. 두 회사 모두 합격할 가능성이 커서 이 회사들의 급여를 비교해 보기로 했지. 그런데 두 회사 모두 자세한 급여는 공개하지 않고 평균과 중앙값만 알 수 있었어. 두 회사 모두 5천만 원이었지. 나능력 씨가 두 회사에 전화를 걸어서 신입사원 초봉이 얼마인지 물었더니 사과는 2천만 원, 오성전자는 4천만 원이라고 하는 거야. 평균의 함정을 피하려고 중앙값까지 확인했는데 왜 이런 차이가 생기는 걸까?

　　평균과 중앙값이 큰 차이를 보이는 것은 극단적으로 크거나 작은 값이 평균을 왜곡할 때 나타나는 현상이야. 자료가 한쪽으로 치우쳐 있을 때, 평균과 중앙값에는 차이가 발생해.

예를 들어 사과와 오성전자의 총 직원수가 10명이고, 다음 표와 같은 형태로 급여가 분포되어 있다면, 사과와 오성전자의 급여 평균과 중앙값은 모두 5천만 원일 거야. 대리와 과장의 급여 평균을 중앙값으로 선택하면 사과($\frac{4500+5500}{2}$)와 오성전자($\frac{4800+5200}{2}$) 모두 중앙값이 5천만 원이 되는 거야.

	신입	사원	사원	주임	대리	과장	차장	부장	이사	사장
사과	2000	2500	3000	3500	4500	5500	6500	7000	7500	8000
오성	4000	4200	4400	4600	4800	5200	5400	5600	5800	6000

나능력 씨는 평균과 중앙값이 모두 같지만 전혀 다른 급여 체계를 가진 두 회사를 보고, 이를 자세히 비교할 수 있는 통계 도구가 필요하다는 생각을 했어.

변량들의 흩어진 정도를 수로 나타내는 도구를 '산포도'라고 해. 흩어진 정도를 가장 쉽게 예측하기 위해서는 최댓값에서 최솟값을 뺀 값을 뜻하는 '범위'를 생각해 볼 수 있어. 사과의 범위는 8000 - 2000 = 6000이고 오성전자는 6000 - 4000 = 2000이야. 사과가 오성전자보다 10명의 급여가 더 넓게 분포하고 있다는 걸 알 수 있었어. 극단치를 제외한 범위를 구하는 방법으로 '사분위수 범위'를 이용하기도 해. 사분위수 범위를 구하려면 자료를 차례대로 나열한 다음에 4등분을 해야 해. 그리고 4분의 3 지점의 값에서 4분의 1 지점의 값을 빼서 범위를 계산하면 이 값이 사분위수 범위가 되는 거야.

산포도에 더 정확한 정보를 담으려면 모든 값에 대한 정보를 담아서 처리해야 해. 이때 흩어진 정도를 측정하기 위한 기준이 필요한데,

이 기준은 평균으로 삼는 것이 바람직해. 그래서 평균에서 얼마나 멀리 떨어져 있는지 각 변량에서 평균을 뺀 '편차'를 구하기로 했어.

	신입	사원	사원	주임	대리	과장	차장	부장	이사	사장
사과	2000	2500	3000	3500	4500	5500	6500	7000	7500	8000
편차	-3000	-2500	-2000	-1500	-500	500	1500	2000	2500	3000
오성	4000	4200	4400	4600	4800	5200	5400	5600	5800	6000
편차	-1000	-800	-600	-400	-200	200	400	600	800	1000

편차의 합은 항상 0이 되기 때문에 편차를 모두 제곱해서 평균을 계산해야 해. 이를 '분산'이라고 하지.

$$\frac{(-3000)^2+(-2500)^2+(-2000)^2+(-1500)^2+(-500)^2+500^2+1500^2+2000^2+2500^2+3000^2}{10}$$

$$\frac{(-1000)^2+(-800)^2+(-600)^2+(-400)^2+(-200)^2+200^2+400^2+600^2+800^2+1000^2}{10}$$

사과의 분산은 4,350,000, 오성의 분산은 440,000이었어.

하지만 값이 크고, 제곱했기 때문에 원래 단위를 그대로 사용할 수는 없어. 데이터가 흩어진 정도를 원래 데이터와 같은 단위로 나타내기 위해서는 분산의 양의 제곱근인 '표준편차'를 이용해야 해. 사과의 표준편차는 $\sqrt{4350000} \fallingdotseq 2086$이고, 오성전자의 표준편차는 $\sqrt{440000} \fallingdotseq 663$이야.

표준편차 값을 이용하면 두 집단의 흩어진 정도를 비교할 수 있어. 표준편차가 클수록 평균에서 멀리 흩어져 있으므로 사과의 급여가 오성전자의 급여에 비해 평균에서 더 멀리 흩어져 있다는 것을 알 수 있었어.

1. 다음 빈칸에 알맞은 답을 써 보자.

> 자료를 한 줄로 정렬했을 때 정확히 한가운데에 위치하는 값은 _____, 자료
> 전체를 더한 뒤 자료 수로 나눈 값은 _____(이)라고 한다.

2. 변량들의 흩어진 정도를 나타내는 도구를 무엇이라고 할까? 그리고 그러한 도구에는
어떤 것들이 있을까?

----

3. 다음 자료의 분산과 표준편차를 계산해 보자.

> 1, 3, 4, 5, 7

 더 알고 싶어 119　　　　📖 도서 　▷ 영상 　🔍 사이트

📖 『**함수, 통계, 기하에 관한 최소한의 수학지식**』 (염지현, 가나출판사, 2017)
　자료가 얼마나 퍼져 있는지 나타내는 산포도의 의미를 살펴보고, 간단한 자료를 선
　택해 산포도를 그려 본 뒤 퍼짐 정도가 무엇을 말해 주는지 정리해 보자.

▷ **평균이 그대를 속일지라도**
　영상을 보며 평균의 의미를 깊이 있게 이해해 보자.

Week8 • 38일차

두 회사 급여를
시각적으로 비교한다고?

상자그림을 통한 자료 분석

상자그림(Box Plot)은 데이터를 한눈에 보면서 비교할 수 있게 도와주는 강력한 도구야.
상자그림을 이용해 자료를 분석하고, 합리적인 선택을 내리는 과정에 대해 살펴보자.

학습 키워드 #상자그림 #데이터시각화 #통계해석 #평균 #중앙값 #사분위수

교과 연계 중1 〉대푯값   중3 〉산포도   중3 〉상자그림과 산점도

나능력 씨는 사과와 오성전자의 급여를 분석한 자료를 한눈에 알아볼 수 있게 만드는 적당한 방법을 찾다가 상자그림에 대해 알게 되었어.

상자그림은 데이터의 분포를 시각적으로 나타내는 도구야. 데이터의 최솟값, 최댓값, 중앙값 그리고 사분위수를 한눈에 볼 수 있도록 도와주지. 상자그림으로 데이터가 어떻게 퍼져 있는지, 중앙값이 어디에 자리 잡고 있는지 그리고 극단적인 값들이 있지 않은지 쉽

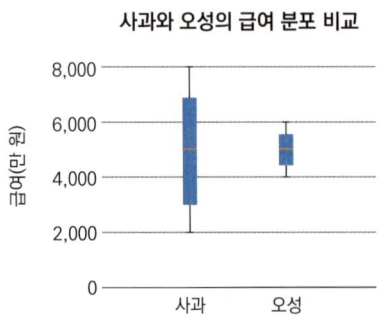

사과와 오성의 급여 분포 비교

게 알 수 있어. 상자 중앙에 선으로 표시한 부분이 중앙값이고, 상자의 상단과 하단은 각각 상위 25%와 하위 25%를 나타내는 값이야. 최댓값과 최솟값은 상자 밖에 있는 수염으로 표시하지. 이렇게 나타내 보니까 두 회사의 급여 분포를 한눈에 알 수 있겠지?

나능력 씨는 자료를 상자그림으로 나타내는 게 흥미로웠어. 그래서 조금 더 조사해 보기로 했지. 사과와 오성전자의 이전 급여 정보도 조사해서 급여가 어떻게 변해 왔는지 확인해 보고 싶었거든. 그래야 어느 회사에 들어가는 게 좋을지 더 명확하게 결정할 수 있을 것 같았어.

	신입	사원	사원	주임	대리	과장	차장	부장	이사	사장
23년사과	1900	2300	2500	3000	3300	3800	4000	5000	5500	6500
24년사과	1950	2400	2700	3200	3600	4400	5000	6000	6500	7200
25년사과	2000	2500	3000	3500	4500	5500	6500	7000	7500	8000
23년오성	1900	2300	2500	3000	3300	3800	4000	5000	5700	6000
24년오성	2800	3200	3300	3800	3800	4200	4800	5300	5750	6000
25년오성	4000	4200	4400	4600	4800	5200	5400	5600	5800	6000

표로 적으니까 너무 복잡해 보여서 상자그림으로 그려 보았어.

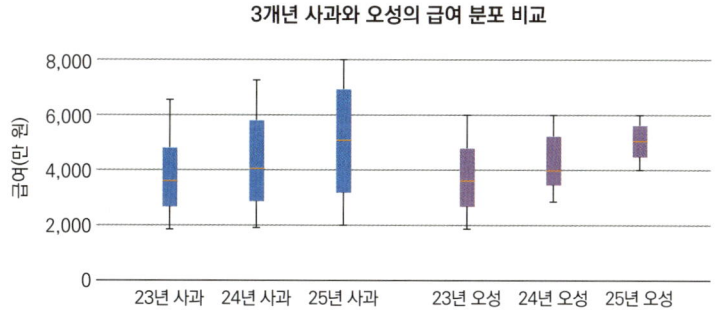

3개년 사과와 오성의 급여 분포 비교

먼저 두 회사 모두 급여의 중앙값이 꾸준히 상승하는 걸 보니 두 회사 모두 계속 성장하고 있는 좋은 회사라는 생각을 했어. 두 회사의 커다란 차이점도 있었어. 두 회사의 급여는 모두 꾸준히 늘어났지만, 급여의 범위 차이가 컸어. 사과는 급여 범위가 더욱 커졌지만, 최소 급여를 받는 사람의 급여 증가 속도는 매우 적었어. 반면에 오성전자는 갈수록 급여 범위가 좁아졌고, 최소 급여를 받는 사람의 급여 증가 속도가 빨랐어. 하지만 최고 급여를 받는 사람의 급여는 크게 변하지 않은 것을 확인할 수 있었어.

모두 확인한 나능력 씨는 오성전자를 선택하기로 마음먹었어. 급여 범위가 좁아서 수입이 얼마일지 어느 정도 예측할 수 있었기 때문이야. 또한 직원들 간의 급여 차이가 점차 줄어들면, 급여 불평등으로 인한 불만이 적을 거라는 점도 장점이라는 생각이 들었어. 특히 사장이나 이사 등 임원진의 급여를 크게 올리지 않고, 전체 직원 복지에 신경 쓰고 있다는 것도 좋았어.

이렇게 통계를 잘 활용하면 합리적인 선택을 해야 할 때 도움을 받을 수 있어. 물론 항상 더 좋은 선택을 보장하는 건 아니야. 너무나 많은 요소가 복합적으로 영향을 미치기 때문이지. 그래도 통계를 이용하면 더 합리적인 선택을 할 수 있는 가능성이 높아질 거야.

1. 상자그림을 통해 알 수 있는 대표적인 자료 특성을 써 보자.

---

2. 자료의 분포가 대칭적인 경우와 한쪽으로 치우친 경우에 상자그림이 어떻게 시각적으로 표현될지 그려 보자.

📖 도서 ▷ 영상 🔍 사이트

더 알고 싶어 119

▷ **통계로 세상을 치료하다**
  통계가 어떻게 문제를 발견하고 해결책을 제시하는지 이해해 보자.

🔍 **상자 수염 차트 만들기**
  엑셀을 사용해 데이터를 입력하고 상자그림을 자동으로 생성해 보자.

아침을 먹는 것과
성적이 관련 있다고?

상관관계와 인과관계의 이해

아침을 챙겨 먹으면 성적이 오른다는 말 들어 본 적 있니?
아침 식사와 학교 성적 사이에는 실제로 어떤 관계가 있을까?
아침 식사 횟수와 성적 사이의 관계를 산점도 분석해서
어떤 상관관계와 인과관계가 있는지 알아보자.

학습 키워드   #상관관계 #인과관계 #산점도 #상관계수
교과 연계   중3 > 상자그림과 산점도

매주 하루도 빠짐없이 아침을 챙겨 먹는 학생의 학업 성취도는 상 47%, 중 28%, 하 25%로 거의 절반이 상 수준이었어. 반면 아침을 늘 안 먹는 학생의 학업 성취도는 상 31%, 중 28%, 하 41%로 하 수준의 학생이 더 많았어. 그렇다면 정말 아침을 챙겨 먹으면 성적이 오를까?

의심 많은 궁금이는 직접 자기 반 학생들을 대상으로 아침 식사 횟수와 성적이 어떤 관련이 있는지 조사해 보기로 했어. 표만 봐서는 식사 횟수와 성적이 어떤 관계인지 알 수 없어서 일주일간 아침 식사 횟수를 x축, 성적을 y축으로 해서 점을 찍어서 나타내 보았어.

번호	식사	성적
1	4	49

번호	식사	성적
11	5	64

번호	식사	성적
21	6	73

2	7	75
3	5	100
4	0	89
5	3	100
6	3	82
7	3	99
8	7	100
9	1	54
10	3	54

12	2	44
13	4	79
14	7	87
15	6	100
16	0	29
17	0	77
18	4	72
19	2	61
20	1	99

22	7	90
23	7	100
24	6	100
25	0	48
26	1	59
27	5	45
28	1	25
29	5	81
30	0	73

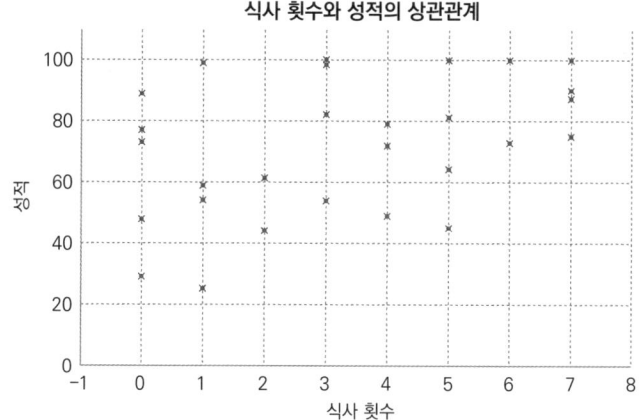

식사 횟수와 성적의 상관관계

이처럼 두 변수 x, y 사이의 관계를 좌표 평면에 점으로 나타낸 그림을 '산점도'라고 해. 이 그림을 보면 아침 식사 횟수가 많아질수록 성적이 높은 경향이 있는 거 같아. 따라서 일주일간의 아침 식사 횟수와 성적은 어느 정도 관련이 있다는 걸 알 수 있었어. 이와 같은 두 변량 사이의 관계를 '상관관계'라고 해. 산점도를 이용하면 두 변량 사이의 상관관계를 파악할 수 있어. 산점도를 그렸을 때, x값이 증가함에 따라

y값도 증가하는 관계라면 양의 상관관계가 있다고 하고, 반대로 x값이 증가함에 따라 y값이 감소한다면 음의 상관관계가 있다고 해. 따라서 아침 식사 횟수와 성적은 양의 상관관계가 있다고 할 수 있지.

상관관계에는 강도가 있어. 산점도의 점들이 하나의 직선 가까이에 모여 있을수록 상관관계가 강하고, 흩어져 있을수록 상관관계가 약하지. 모든 점이 우상향하는 한 직선에 있는 아주 강력한 양의 상관관계를 가질 때는 그 값을 1로, 반대로 우하향하는 한 직선에 모든 점이 있는 음의 상관관계를 가지는 경우 −1로 나타내곤 해. 이를 '상관계수'라고 하지. 상관계수를 구하려면 분산과 표준편차를 이용해야 해. 직선을 기준으로 점들이 얼마나 가까운지 판단하는 상관계수와 평균에서 자료들이 얼마나 가까운지 판단하는 산포도(범위, 분산, 표준편차 등)가 서로 비슷한 성질을 갖고 있기 때문이야.

사실 상관관계는 인과관계와는 다른 개념이야. 그렇다면 아침 식사와 성적은 인과관계가 있는 걸까? 아침을 먹는 학생들이 더 좋은 성적을 받는 이유는 아침 식사 자체가 아니라 다른 이유일 수 있어. 예를 들어 아침을 먹는 학생들은 규칙적인 생활 습관을 갖고 있을 확률이 높고, 가정환경도 더 안정적일 수 있지. 실제로 한 연구에서 가정환경에 따라 그룹을 나눠서 아침 식사와 학업 성취도의 관계를 연구했더니 가정환경이 유사한 그룹 내에서는 아침 식사와 학업 성취도 사이에 별다른 관계가 없다는 것이 밝혀지기도 했어.

1. 다음 빈칸에 알맞은 답을 써 보자.

> 두 변량 사이의 관계를 좌표평면에 점으로 나타낸 그림을 _____(이)라고
> 하고 두 변량 사이의 동반 변화 경향을 _____(이)라고 한다.

2. 다음 문장이 맞으면 O, 틀리면 X라고 표시해 보자.

> 상관관계가 있으면 항상 인과관계가 있다. (   )

3. 강한 양의 상관관계를 가지지만 인과성이 없거나 부족한 예를 생각해 보자.

더 알고 싶어 119　　　　　　　📖 도서　▷ 영상　🔍 사이트

📖 『**청소년을 위한 이야기 수학**』 (아드리안 파엔사, 해나무, 2023)
　　두 변수 사이의 관계가 항상 원인과 결과를 의미하지는 않는다는 점을 생각해 보자.

▷ **산점도와 상관관계**
　　영상을 통해 산점도와 상관관계의 의미를 정리해 보자.

동전 던지기로
경기의 승패를 결정했다고?

동전 던지기와 확률

축구 경기를 시작할 때 심판이 동전을 던져서 어느 팀이 먼저 공격할지 정하는 걸 본 적 있지?
동전 던지기는 동전의 어느 한 면이 나올 확률이 반반이라고 가정하고
두 가지 중 하나를 결정해야 할 때 자주 사용하곤 해.
그런데 이렇게 단순한 행동을 통해 확률을 따지는 게 맞는 걸까?

학습 키워드 #확률 #동전던지기 #동일한가능성 #경우의수 #윷놀이
교과 연계 중2 〉 경우의 수와 확률
고2 〉 확률과 통계

축구 경기 본 적 있지? 경기 시작 전에 심판이 두 팀 주장 불러다가 동전을 던지잖아. 왜 던질까? 바로 어느 팀이 먼저 공격할지, 아니면 어느 쪽 골대를 향해 공격할지를 정하는 거야. 조금이라도 유리한 조건을 누군가 한 명이 정해야 할 때 이렇게 동전 던지기를 자주 이용하지.

그런데 이 동전 던지기로 승부까지 결정 난 적이 있어. 정말 특이한 일이었지. 1936년 제10회 세계 탁구 선수권 대회에서 루마니아랑 프랑스 팀이 만났어. 두 팀 실력이 얼마나 비슷했던지 서로의 공격을 계속 안정적으로 받아 냈어. 처음에는 긴 랠리가 신기해서 사람들이 응원하고 박수쳤는데 너무 오래 끌다 보니 결국 늦은 밤 2 대 2 무승부 상황에서 결승전을 다시 치르게 됐지.

하지만 결국 경기를 더 진행할 수 없게 됐고, 대회 관계자들이 고민 끝에 동전 던지기로 승부를 결정하기로 했어. 결과가 어떻게 됐을까? 루마니아가 이겼어. 이 사건 이후에는 규정을 더 확실히 정해서 다시는 동전으로 승패를 정하는 일이 없게 됐다고 해.

동전을 던져서 앞뒷면이 나올 확률

동전을 던져서 앞뒷면이 나올 확률에 궁금증을 가졌던 많은 사람들이 실제로 여러 번 동전 던지기 실험을 했어. 18세기 프랑스의 수학자 뷔퐁은 동전을 4,040번 던져서 앞면이 2,048면 나오는 것을 확인했다고 해. 19세기에는 통계학자 칼 피어슨이 동전을 2만 4,000번 던져서 1만 2,012번 뒷면이 나온다는 사실을 확인했대. 이 두 사례에서 앞면 혹은 뒷면이 나올 확률이 각각 50.69%와 50.05%니까 앞면과 뒷면이 나올 확률은 50%에 가깝다는 것을 알 수 있어. 이러한 실험의 결과 동전 던지기를 하면 앞면과 뒷면이 비슷하게 나올 가능성이 높다는 믿음을 가질 수 있게 됐지. 동전을 1개 던질 때 나올 수 있는 경우의 수는 '앞면'과 '뒷면'이고, 앞면과 뒷면이 나올 가능성은 같기 때문에 앞면이 나올 확률은 $\frac{1}{2}$이라고 할 수 있어. 마찬가지로 각 눈이 나올 가능성이 같은 주사위를 던진다면, 나올 수 있는 모든 경우는 1의 눈, 2의 눈, 3의 눈, 4의 눈, 5의 눈, 6의 눈이니까 짝수 눈이 나올 확률은 $\frac{3}{6}$이야. 짝수 눈은 3가지(2의 눈, 4의 눈, 6의 눈)뿐이기 때문이지.

윷과 경우의 수

윷의 경우도 생각해 보자. 윷을 던졌을 때 평평한 면과 볼록한 면이 나올 확률을 $\frac{1}{2}$이라고 할 수 있을까? 윷은 양쪽 모두 평평한 게 아니니까 모양의 차이 때문에 각 면이 나올 가능성이 다르지 않을까? 왠지 윷은 경우의 수로 확률을 정하면 안 될 것 같아. 그러니까 실험을 많이 해 보고 대략적인 확률을 구하는 게 맞아. 윷을 계속 던져 봤더니 평평한 면이 나올 확률이 약 0.6 정도라는 걸 알 수 있었어. 그래서 '윷'이 '모'보다 더 자주 나오는 거지. '모'가 나올 확률이 가장 낮기 때문에 5칸을 움직이도록 정한 거고 말이야.

윷처럼 나올 가능성이 상황에 따라 다른 경우에는 경우의 수를 이용해 확률을 구하면 안 된다는 걸 알 수 있었어. 자칫하면 잘못된 결론에 이를 수 있기 때문이지. 예를 들어 20층 높이의 아파트에 있는 엘리베이터가 1층에 있을 확률은 $\frac{1}{20}$일까? 이는 엘리베이터가 모든 층마다 멈춰 있을 확률이 같다고 생각했기 때문에 나온 확률이야. 하지만 엘리베이터를 타려고 할 때, 가려는 층수에 멈춰 있는 것보다 1층에 엘리베이터가 멈춰 있는 경우가 더 많았을 거야. 이는 엘리베이터를 이용하는 모든 사람은 1층과 가려고 하는 층만 주로 이용하기 때문이야. 따라서 엘리베이터로 이동하는 목적지가 1층인 경우가 전체의 절반을 차지한 거지. 1층에 엘리베이터가 있을 확률이 대단히 높은 이유야. 이처럼 나올 가능성이 다를 때는 경우의 수로 확률을 계산하지 말고 실험이나 관찰을 거쳐서 실제 나올 수 있는 확률을 알아봐야 해. 이 과정에서 각 경우가 나올 가능성이 같은 때에만 경우의 수를 이용해서 확률을 계산해야 하는 거야.

1. 주사위를 던졌을 때 홀수 눈이 나올 확률은 얼마일까?

---

2. 다음 빈칸에 알맞은 답을 써 보자.

> 윷은 평평한 면과 볼록한 면의 모양이 달라서 각 면이 나올 가능성이 같지 않아.
> 따라서 윷의 확률은 _____(을)를 통해서 구해야 해.

3. 동일한 가능성을 갖지 않는 경우를 이용해 잘못된 확률을 계산하는 예를 만들어 보자.

더 알고 싶어 119   📖 도서 ▷ 영상 🔍 사이트

📖 **『진짜 생활 속의 수학』** (이승훈, 경문사, Part 3. 타짜를 위한 수학)
책의 내용을 참고해 동전 던지기 실험을 통해 확률의 기본 개념을 이해하고, 실제 결과와 예상 확률을 비교해 보자.

▷ **과연 $\frac{1}{2}$일까?**
영상을 통해 확률의 임의성을 느껴 보자.

🔍 **동전 던지기** 시뮬레이션을 이용한 동전 던지기를 진행해 보자.

확률이 도박에서 시작되었다고?

도박에서 시작된 확률 이론

화폐의 사용이 늘어나면서 도박이 인기를 끌던 15세기 유럽 사람들은
도박에서 이길 수 있는 방법을 연구했어. 그러다가 확률이란 학문을 발전시키게 된 거야.
역사를 통해서 확률 개념이 어떻게 발전하게 되었는지 알아보자.

학습 키워드	#확률 #파스칼 #페르마 #도박 #경우의수 #양자역학
교과 연계	중2 〉 경우의 수와 확률
	고2 〉 확률과 통계

　　15세기 무렵 유럽에서는 상공업이 발달하면서 화폐를 사용하는
일이 많아졌어. 물물교환이 아닌, 돈으로 물건을 사고파는 경우가 많아
지자 돈을 많이 갖고 싶은 욕심에 돈을 걸고 게임을 하는 도박이 인기
를 끌게 됐어. 그러다 보니 자연스럽게 도박에서 이기는 방법을 연구하
기 시작했지. 이탈리아의 수도사 파치올리가 쓴 책에 처음으로 확률과
관련한 내용이 나오는데, 다음과 같은 문제가 실려 있어.

　　"도박에 참여한 A와 B가 있다. 동전을 던져서 앞면이 나오면 A가
1점을 얻고, 뒷면이 나오면 B가 1점을 얻는다. 6점을 먼저 딴 사람이
판돈 8천 원을 모두 가져가기로 한다. 그런데 A가 5점을 얻고 B가 3점
을 얻은 상황에서 게임을 진행할 수 없게 됐다. 그러면 A와 B는 판돈

을 어떻게 나누어야 할까?"

파치올리는 게임이 멈추기 전까지의 성적에 따라 판돈을 나눠 가져야 한다고 생각했어. 8번을 던져서 A가 5번 이기고, B가 3번 이겼으니까, 판돈을 $\frac{5}{8}$와 $\frac{3}{8}$으로 나눠서 각각 5천 원과 3천 원을 가져 가면 된다고 생각한 거지. 하지만 17세기 수학자 파스칼은 그 결과가 앞으로 진행될 게임의 결과에 아무런 영향도 미칠 수 없으니까 앞선 게임의 결과만으로 판돈을 나누는 건 불합리하다고 생각했어. 파스칼은 자신의 생각을 페르마와 편지를 주고받으며 발전시켰어. 이 두 사람이 주고받은 편지는 오늘날 확률이란 학문을 탄생시키는 기초가 되었다고 해.

파스칼과 페르마는 게임이 계속됐을 때 6번을 먼저 이길 확률에 따라 판돈을 나누는 것이 공평하다고 주장했어. 8번의 게임에서 5:3으로 지고 있는 B의 입장에서 생각해 보자. B가 이기는 방법은 9번째, 10번째, 11번째 모두 뒷면이 나와야 해. 반면에 A는 9번째나 10번째에 앞면이 나오면 이길 수 있고 두 번 다 뒷면이 나오더라도 11번째에 앞면이 나오기만 하면 이길 수 있어. 따라서 이런 상황을 고려해서 이길 확률을 계산한 다음에 이를 바탕으로 판돈을 나눠야 한다고 생각한 거지.

동전처럼 앞면과 뒷면이 나올 가능성이 같은 경우라면 경우의 수를 이용해서 확률을 구할 수 있어. 9번째, 10번째, 11번째 동전을 던져서 나올 수 있는 모든 경우의 수, 즉 하나의 동전을 3번 던져서 나올 수 있는 가짓수를 찾는 거야.

| (앞, 앞, 앞) | (앞, 앞, 뒤) | (앞, 뒤, 앞) | (앞, 뒤, 뒤) |
| (뒤, 앞, 앞) | (뒤, 앞, 뒤) | (뒤, 뒤, 앞) | (뒤, 뒤, 뒤) |

이를 A와 B가 이기는 상황으로 구분해 보자.

A가 이기는 경우	(앞, 앞, 앞), (앞, 앞, 뒤), (앞, 뒤, 앞), (앞, 뒤, 뒤), (뒤, 앞, 앞), (뒤, 앞, 뒤), (뒤, 뒤, 앞)
B가 이기는 경우	(뒤, 뒤, 뒤)

따라서 A가 이길 확률은 $\frac{7}{8}$이고, B가 이길 확률은 $\frac{1}{8}$이야. 그래서 판돈은 A가 7천 원, B는 천원을 가져야 해. 현재의 확률론에서는 파스칼과 페르마의 방법이 공정하다고 인정하고 있어. 그래서 이런 방법을 기초로 현대의 확률론이 만들어졌지.

18세기 산업혁명으로 자본주의가 본격적으로 시작되고, 금융이 발달하면서 불확실성을 줄이기 위한 보험이나 연금과 같은 금융 상품들이 나왔어. 확률은 사건이 발생할 가능성을 정확히 계산해야 할 필요가 커지면서 꾸준히 발전했고, 이제는 어엿한 수학의 한 분야로 자리 잡게 되었지. 수학에서 확률을 다루면서 수학의 범위는 우연성의 세상까지 넓어졌어.

확률은 때론 불완전해 보이고 불확실해 보일지도 몰라. 하지만 그 불확실성 속에서도 일정한 패턴과 법칙을 발견해 내는 것이 바로 수학이 가진 힘이야. 오늘날 우리는 기상 예보, 금융 시장 분석, 질병 예측 등 다양한 분야에서 확률을 통해 중요한 결정을 내리고 있어. 이처럼 수학은 끊임없이 발전하면서 우리 삶에 깊은 영향을 미치고 있단다.

1. 다음 빈칸에 알맞은 답을 써 보자.

> 15세기 유럽에서 확률 개념이 발전하게 된 계기는 _____의 인기와 관련
> 이 있다.

2. 동전을 3번 던졌을 때 A가 한 번이라도 앞면을 얻으면 이긴다고 하자. A가 이길 확률
은 얼마인가?

3. 보험에서는 확률이 어떻게 사용될까?

👍 **더 알고 싶어 119**

📖 도서 ▶ 영상 🔍 사이트

📖 『**누구나 읽는 수학의 역사**』 (안소정, 창비, 2020)
　도박에서 확률 개념이 어떻게 탄생했는지 알아보고, 일상 속에서 확률이 활용되는
　예를 찾아보자.

▶ **페르마×파스칼, 세상을 바꾼 엄청난 업적 '확률의 발견'**
　영상을 보며 파스칼과 페르마가 도박 문제를 통해 확률을 어떻게 정립했는지 이해
　하고, 오늘날 그 개념이 적용되는 사례를 찾아보자.

🔍 **주사위 굴리기 시뮬레이션** 컴퓨터 시뮬레이션으로 주사위를 던져 보자.

어떤 지도도 네 가지 색만으로 칠할 수 있다고?

4색 문제와 경우의 수

4가지 색만으로 인접한 지역들을 같은 색으로 칠해지지 않게 색칠할 수 있다는 가설이 있어.
많은 수학자의 관심을 끌다가 1976년에 컴퓨터를 이용해 증명되었지.
하지만 컴퓨터를 사용하지 않는 증명은 아직도 발견되지 않았어. 4색 문제의 역사와 수형도를
이용해 지도의 색칠 가능한 경우의 수를 구하는 방법에 대해 알아볼까?

학습 키워드   #경우의수 #수형도 #4색문제
교과 연계   중2 〉 경우의 수와 확률
　　　　　　고2 〉 확률과 통계

　　　1852년 영국 지도를 보던 프랜시스 구드리는 어떤 지도라도 네 가지 색만 사용하면, 인접한 지역이 같은 색이 되지 않도록 색칠할 수 있다는 가설을 세웠어. 이를 '4색 문제'라고 해. 이 가설을 증명하는 건 쉽지 않았어. 언뜻 보면 간단해 보이는데 증명하는 건 상당히 어려웠던 4색 문제는 1976년이 되어서야 컴퓨터를 이용해 증명할 수 있었어. 무수히 많은 지도들을 1,936가지 유형으로 분류했고, 모든 경우 네 가지 색으로 구분해서 색칠할 수 있다는 걸 증명한 거지. 무려 1,200시간 동안 컴퓨터로 계산한 다음에 얻은 결과였어. 여전히 컴퓨터를 이용하지 않고 증명하는 방법은 발견되지 않았어. 다만 1996년에 지도 유형을 633가지로 구분할 수 있다는 게 밝혀진 것뿐이야.

예를 들어 다음 그림처럼 5개의 지역이 있다고 해 보자. 이를 서로 다른 네 가지 색(빨강, 노랑, 초록, 파랑)으로 칠하면 다음과 같은 순서로 칠할 수 있을 거야. 먼저 A 지역을 빨간색으로 칠하고, 그다음 A 지역과 인접한 B 지역은 노란색을 칠해. C 지역은 A 지역과 B 지역

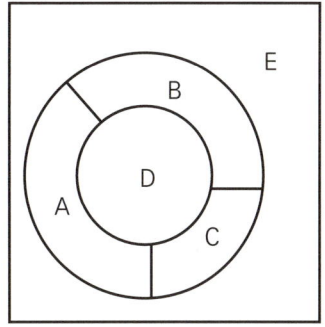

을 모두 인접하고 있으니까 빨간색과 노란색을 피해서 초록색을 칠했어. 그리고 D 지역과 C 지역은 모두 A, B, C 지역과 인접하고 있어서 남은 파란색을 칠했어. 이렇게 4가지 색으로 지도를 구분할 수 있었어.

네 가지 색깔을 이용해서 위 지도를 구분할 수 있는 모든 경우의 수를 구할 때는, 수형도를 그리는 것이 효과적인 방법이야. '수형도**Tree Diagram**'는 나뭇가지 모양처럼 각 단계마다 선택할 수 있는 경우의 수를 한눈에 볼 수 있게 나타낸 도구지. 수형도는 A지역부터 차례로 색칠했던 과정과 비슷하게 단계별로 진행하면 돼. 다만 하나의 색을 정하는 것이 아니라 가능한 모든 경우를 나열해서 빠지는 부분이 없는 경우의 수를 구하는 거야.

수형도를 그리는 건 어떤 사건의 경우의 수를 확인할 때 매우 좋은 방법이야. 다양한 상황에서 수형도를 그리면서 경우의 수를 확인해 보는 경험은 '동시에' 일어나는 사건을 제대로 이해할 수 있게 돕기 때문이지. '동시에'라는 건 시간상으로 동시에 일어나는 경우만 말하는 게 아니라 '연달아', '함께', '동시에' 같은 의미 모두를 포함하는 거지. 이때 동시에 일어나는 각 사건들의 경우의 수를 살피면 전체 경우의 수를 더 쉽게 구할 수 있어. 다음 수형도에서는 A지역에 빨강, 노랑, 초록,

파랑을 색칠할 때마다 각각 6가지 경우의 수가 있다는 걸 확인할 수 있어. 즉 A지역에 어떤 색을 선택하더라도 B, C, D, E에 색칠할 수 있는 경우의 수는 같다는 뜻이지.

A 지역부터 지도를 차례대로 색칠한다고 할 때, A지역을 색칠할 수 있는 경우의 수는 4가지야. B지역을 색칠할 때는 A 지역과 다른 색을 색칠해야 하니까 선택할 수 있는 가짓수는 3가지가 되겠지? 마찬가지로 C지역은 2가지이고, 남은 D와 E지역

빨강	노랑	초록	파랑	파랑
		파랑	초록	초록
	초록	노랑	파랑	파랑
		파랑	노랑	노랑
	파랑	노랑	초록	초록
		초록	노랑	노랑
노랑	빨강	초록	파랑	파랑
		파랑	초록	초록
	초록	빨강	파랑	파랑
		파랑	빨강	빨강
	파랑	빨강	초록	초록
		초록	빨강	빨강
초록	빨강	노랑	파랑	파랑
		파랑	노랑	노랑
	노랑	빨강	파랑	파랑
		파랑	빨강	빨강
	파랑	빨강	노랑	노랑
		노랑	빨강	빨강
파랑	빨강	노랑	초록	초록
		초록	노랑	노랑
	노랑	빨강	초록	초록
		초록	빨강	빨강
	초록	빨강	노랑	노랑
		노랑	빨강	빨강

은 남아 있는 색 1가지로 칠할 수밖에 없어. 따라서 지도를 색칠하는 총 경우의 수는 $4 \times 3 \times 2 \times 1 \times 1 = 24$가지가 되는 거지. 이처럼 동시에 일어나는 상황을 이해할 수 있다면 더 크고 복잡한 사건도 전체 경우의 수를 간단하게 구할 수 있을 거야.

1. 다음 빈칸에 알맞은 답을 써 보자.

> 1852년 영국의 지도 제작자 프랜시스 구드리는 어떤 지도든지 네 가지 색만으로도 인접한 지역이 같은 색이 되지 않게 칠할 수 있다는 가설을 세웠어.
> 이를 _____(이)라고 부르지.

2. 경우의 수를 구할 때 수형도를 사용하면 왜 실수를 줄일 수 있는지 간단히 설명해 보자.

----

3. 다음과 같은 그림을 빨강, 노랑, 초록, 파랑으로 구분해서 색칠하는 경우의 수를 구해 보자.

A	B	C	E
		D	

더 알고 싶어 119　　　📖도서　▶영상　🔍사이트

📖 **『기발하고 신기한 수학의 재미 : 하편』 (천융밍, 미디어숲, 2022, 3장)**
　4색 문제의 원리를 이해하고, 지도를 색칠하며 경우의 수가 어떻게 달라지는지 탐구해 보자.

▶ **AI. 컴퓨터가 풀어낸 수학 난제**
　영상을 보며 컴퓨터가 4색 문제를 해결한 과정을 이해하고, 인간의 논리와 인공지능의 계산 방식 차이를 비교해 보자.

주사위 세 개의 합,
9와 10 중 누가 유리할까?

주사위 놀이와 확률

16세기에 주사위를 사용한 다양한 게임이 도박으로 유행하면서 주사위의 확률을 아는 것이 중요해졌어. 갈릴레오 갈릴레이가 해결한 3개의 주사위 눈의 합 문제와 같은 사례를 통해 주사위 놀이에서 확률 계산의 중요성에 대해 알아보자.

학습 키워드 #주사위놀이 #확률 #도박 #경우의수 #여사건
교과 연계   중2 〉 경우의 수와 확률
          고2 〉 확률과 통계

사람들은 수천 년 전부터 주사위 놀이를 즐겼어. 기원전 3500년경 주사위 놀이에 사용된 것으로 보이는 양의 발꿈치뼈가 발견되었고, 기원전 300년경의 바빌론 유적에서는 정육면체 주사위가 발견되기도 했어. 우리나라도 신라 시대부터 주사위 놀이를 즐긴 것 같아. 경주에서 발견된 주령구는 정사각형 6개와 육각형 8개의 면으로 이뤄진 14면체 주사위로 각 면에 다양한 벌칙이 적혀 있었어.

16세기에는 주사위를 이용한 다양한 게임과 도박이 유행하기 시작했지. 주사위 3개를 던져서 세 주사위 눈의 합을 맞추는 게임도 그중 하나였어.

세 주사위 눈의 합은 모든 주사위의 눈에서 1이 나오는 3부터 모

든 주사위의 눈에서 6이 나오는 18까지 총 16가지가 나올 수 있어. 사람들은 당연히 '가장 높은 확률이 나오는 숫자의 합이 무엇일까?'에 관심을 가졌어. 눈의 합이 9가 되는 경우나 10이 되는 경우가 가장 확률이 높을 거라 생각했지.

| 합이 9인 경우 | (6, 2, 1), (5, 3, 1), (5, 2, 2), (4, 4, 1), (4, 3, 2), (3, 3, 3) |
| 합이 10인 경우 | (6, 3, 1), (6, 2, 2), (5, 4, 1), (5, 3, 2), (4, 4, 2), (4, 3, 3) |

　사람들은 9와 10 중에서도 10이 되는 경우가 더 유리할 거라고 생각했어. 그래서 당대 최고의 수학자인 갈릴레오 갈릴레이를 찾아가서 그 이유를 물었대. 갈릴레이는 사람들이 세 개의 주사위를 구분하지 않았기 때문에 그런 거라고 알려줬어. 사람들이 찾은 합이 9가 되는 경우에서 (6, 2, 1)과 (5, 2, 2)와 (3, 3, 3)은 각각 나오는 빈도가 다르다는 걸 지적한 거야. (3, 3, 3)은 세 개의 주사위가 모두 3이 나올 때만 가능한 반면 (6, 2, 1)은 6가지 경우가 나올 수 있어. 이렇게 가짓수를 조사해 보면 눈의 합이 9가 되는 경우는 모두 25가지이고, 10이 되는 경우는 모두 27가지라는 결과가 나와. 따라서 세 주사위 눈의 합이 10이 되는 경우가 승리할 확률이 더 높다는 걸 알 수 있어. 실제로 3개의 주사위를 던졌을 때, 한 개의 주사위가 나올 수 있는 눈의 수는 각각 6개이고, 세 주사위를 동시에 던졌을 때 전체 경우의 수는 $6 \times 6 \times 6 = 216$가지가 되는 거야. 따라서 세 주사위 눈의 합이 9가 될 확률은 $\frac{25}{216}$로 약 11.6%이고, 눈의 합이 10이 될 확률은 $\frac{27}{216}$로 12.5%야.

　흥미로운 주사위 문제를 하나 더 살펴볼까? "하나의 주사위를 4번 던졌을 때 6이 적어도 한 번 나오는 경우와 두 개의 주사위를 24번 던졌을 때 (6, 6)이 적어도 한 번 나오는 경우 중 어떤 쪽이 더 유리할까?" 6가지 경우가 있는 주사위 한 개를 4번 던지는 것과 36가지 경우가 있는 주사위 두 개를 24번을 던지면 동일한 확률이 나타날 거라 생각했지만, 이번에도 결과는 예상과 달랐어. 먼저 주사위 하나를 4번 던졌을 때 6이 적어도 한 번 나온다는 것은 4번 중 한 번만 6이 나오는 경우와 6이 두 번, 세 번, 네 번 나오는 경우 모두를 포함하는 거야. 그렇다면 이 4가지 경우를 각각 구해야 할까? 24번을 던져서 (6, 6)이 나오는 경우를 이런 방법으로 구해야 한다면 너무 복잡하겠지? '적어도 한 번 6이 나오는 경우의 수'는 '전체에서 한 번도 6이 나오지 않는 경우의 수를 뺀 것'과 같아. 이처럼 어떤 사건 A가 발생하지 않는 사건을 'A의 여사건'이라고 불러. '적어도'라는 단서가 있을 때는 여사건을 이용하면 더 쉽게 확률을 계산할 수 있지.

주사위 하나를 던져서 6의 눈이 전혀 나오지 않을 확률은 6을 제외한 나머지 1, 2, 3, 4, 5의 눈이 나오는 거니까 $\frac{5}{6}$야. 4번 모두 6이 아닌 눈이 나와야 하니까 $\left(\frac{5}{6}\right)^4$이고, 전체 확률은 항상 1이니까 $1 - \left(\frac{5}{6}\right)^4$를 계산하면 약 51.7%가 나온다는 걸 알 수 있지. 주사위 두 개를 24번 던지는 경우를 따져 보면 하나의 주사위를 던져서 (6, 6)이 나오지 않을 확률은 $\frac{35}{36}$야. 따라서 마찬가지 방법으로 주사위 2개를 24번 던져서 적어도 한 번 (6, 6)이 나올 확률은 $1 - \left(\frac{35}{36}\right)^{24}$가 되고, 이를 계산하면 약 49.1%가 나와.

직관적으로 같을 거라 예상되는 상황은 확률을 이용하면 맞는지 틀린지 쉽게 확인할 수 있어. 이처럼 확률은 합리적인 선택을 할 수 있도록 도와주는 소중한 도구야.

1. 세 개의 주사위를 동시에 던질 때 전체 경우의 수는 얼마일까?

2. 다음 문장이 맞으면 O, 틀리면 X라고 표시해 보자.

> 세 주사위 눈의 합이 9보다 10이 나올 확률이 더 높다. (   )

3. 주사위 2개를 던졌을 때 가장 높은 확률을 갖는 두 주사위의 눈의 합은 얼마일까?

 더 알고 싶어 119

📖도서 ▷영상 🔍사이트

📖 『**세상은 수학이다**』 (고지마 히로유키, 해나무, 2008)
주사위를 던질 때 나올 수 있는 모든 경우를 정리하고, 각 눈의 확률을 직접 계산해 보자.

▷ **주사위에 숨겨진 수학 비밀**
주사위를 통해 확률을 더욱 깊이 있게 이해해 보자.

우리 반에 생일이 같은 두 학생이 있다고?

생일 문제와 직관을 뛰어넘는 확률의 세계

반에 생일이 같은 친구가 두 명 있을 가능성에 대해 생각해 본 적 있니?
드물 것 같지만, 확률로 계산해 보면 놀라운 결과가 나온다는 걸 알 수 있어.
생일 문제로 직관과 실제 확률의 차이를 이해하고,
여사건을 이용해서 확률을 계산하는 법을 알아보자.

학습 키워드 #생일문제 #확률 #여사건 #확률계산
교과 연계 중2 〉 경우의 수와 확률
고2 〉 확률과 통계

만약 반에서 생일이 같은 두 친구가 있는지 없는지, 둘 중에서 골라야 한다면 어떤 쪽을 선택할 것 같아? 당연히 없는 쪽에 거는 사람이 많겠지? 1년은 365일이고, 반 학생은 많아야 30명일 테니 같은 생일을 가진 두 사람이 있을 확률은 매우 적을 거라는 생각이 들기 때문이지. 그렇다면 학생 수가 몇 명 정도는 되어야 반에 생일이 같은 두 명이 있다는 데 걸 것 같아? 50명? 100명? 365명의 절반인 183명?

만약 학생 수가 366명이라면 당연히 생일이 같은 두 사람이 있겠지? 이때의 확률은 1일 거고 말이야. 그렇다면 생일이 같은 두 학생이 있을 확률이 50% 이상이 되려면 몇 명이 있어야 할까? 놀라지 마. 답은 23명이면 충분해. 실제 23명 중 생일이 같은 두 학생이 있을 확률은

50.7%이고, 30명이면 그 확률은 70%가 넘어. 50명이면 무려 97%라고 하니 정말 놀랍지 않니?

여사건을 이용한 확률 구하기

직관적으로 생각하면 도저히 이해하기 힘드니까 실제 확률을 구해서 확인해 보자. 23명 중 생일이 같은 두 학생이 존재할 확률은 어떻게 구할까? 생일이 같은 두 학생을 선정하는 가짓수는 너무 많기 때문에 어떻게 구해야 할지 잘 모르겠어. 심지어 생일이 같은 두 학생이 한 쌍이 아닐 수도 있고, 두 명이 아니라 더 많은 학생의 생일이 같은 날일 수도 있기 때문에 더 어려워 보이지. 이럴 때 사용하는 것이 바로 앞에서 배운 여사건이야. 23명 중 생일이 같은 두 학생이 있는 사건의 여사건은 23명이 모두 생일이 다른 사건이야. 이 사건을 계산하는 건 비교적 간단해. 23명의 생일이 서로 다른 날짜라고 생각하면 되기 때문이지.

먼저 첫 번째 학생의 생일을 정하자. 처음이니까 365일 중 어떤 날짜를 선택해도 좋아. 그다음 두 번째 학생의 생일을 정하자. 두 번째 학생의 생일은 첫 번째 학생의 생일과 다른 날짜로 선택해야 하니까 선택지 하나가 줄었어. 364일 중 하나만 선택하면 되는 거지. 이를 수식으로 나타내면, $\frac{365}{365} \times \frac{364}{365} = 99.72\%$야. 그럼 세 번째 학생의 선택지는 첫 번째 학생과 두 번째 학생의 생일을 빼야 하니까 363가지이고, 네 번째 학생은 362가지야.

$$\frac{365}{365} \times \frac{364}{365} \times \frac{363}{365} \times \frac{362}{365} = 98.36\%$$

이렇게 계속해 가다 보면 마지막 23번째 학생의 선택지는 343가지가 남게 될 거야.

$$\frac{365}{365} \times \frac{364}{365} \times \frac{363}{365} \times \frac{362}{365} \times \cdots \times \frac{343}{365} = 49.27\%$$

한 명씩 늘리면서 확률을 구할 때마다 점차 그 값이 작아지다가 23번째 학생부터는 50% 이하로 내려가는 걸 확인할 수 있어. 이 확률은 학생 23명의 생일이 전부 다를 확률이니까, 우리가 처음에 구하려고 했던 적어도 학생 한 쌍의 생일이 같을 확률은 1 - 49.27% = 50.73%가 되는 거야. 확률로 계산했더니 생일이 같은 학생이 한 반에 있을 확률은 23명만 넘어도 절반이 넘는다는 사실을 확인할 수 있었어. 이제 믿을 수 있겠지?

직관과 실제 확률이 얼마나 다를 수 있는지 생일 문제로 확인해 보았어. 일상생활에서 신기하고 놀라운 경험을 한 적이 있다면, 그 일이 일어날 확률을 한번 계산해 봐. 정말 우연인지, 아니면 충분히 발생할 수 있는 일인지 확률이 답해 줄 수 있어. 이러한 경험은 너희를 보다 합리적이고 논리적으로 생각해서 판단할 수 있도록 도와 줄 거야.

1. 다음 문장이 맞으면 O, 틀리면 X 표시를 해 보자.

> 반에 학생이 23명만 있어도 생일이 같은 두 학생이 있을 확률은 50%를 넘는다.
>
> (   )

2. 다음 빈칸에 알맞은 답을 써 보자.

> 생일 문제에서 "생일이 같은 두 학생이 있다."의 여사건은
> _____이다.

3. 적어도 한 쌍의 학생이 태어난 달이 같을 확률이 50%가 넘으려면 몇 명의 학생이 있어야 할까?

더 알고 싶어 119

▷ 도서 ▷ 영상 🔍 사이트

▷ **생일이 같은 경우는 얼마나 될까**
영상을 통해 생일 문제를 깊이 있게 이해해 보자.

🔍 **생일이 같은 건 대단한 우연? (웹툰)**
웹툰을 통해 같은 생일인 친구가 학급에 있을 확률을 계산해 보자.

로또와 연금복권의
확률 구하는 방법이 다르다고?

로또와 연금복권의 확률 비교

로또 6/45와 연금복권 720+은 각기 다른 방식으로 당첨자를 결정하고 당첨금을 지급하고 있어.
로또는 목돈을 한 번에 지급하고, 연금복권은 매월 일정한 금액을 20년 동안 지급하지.
이 복권의 1등 당첨 확률은 어떻게 다를까? 로또와 연금복권의 1등 당첨 확률을 계산하고,
복권의 구조와 기대수익에 대해서도 알아보자.

학습 키워드 #복권 #로또 #연금복권 #확률 #기대수익 #경우의 수 #여사건

교과 연계 중2 〉 경우의 수와 확률
고2 〉 확률과 통계

우리나라에서 판매되는 복권 중 로또 6/45와 연금복권 720+이 가장 인기 있는 복권이야. 두 복권은 당첨금을 받는 방식뿐만 아니라 당첨 방식도 서로 달라. 먼저 로또는 1부터 45까지의 숫자 중에서 6개를 선택하는 방식이야. 매주 한 번씩 추첨이 이뤄지고, 선택한 숫자가 모두 맞으면 1등에 당첨되는 구조이지. 반면 연금복권은 1조부터 5조까지 5개의 조가 있고, 각 조별로 0부터 9까지 숫자가 각각 적힌 6자리 숫자(예: 3조 320912)로 구성되어 있어. 물론 1등에 당첨되려면 조를 비롯해 6개의 숫자가 모두 맞아야 해.

이 두 복권의 1등에 당첨될 확률은 얼마나 될까? 먼저 연금복권부터 살펴보면, 각 조당 000000부터 999999까지 1,000,000가지

의 숫자가 나올 수 있어. 그리고 5개 조가 있으니까 전체 경우의 수는 5,000,000이지. 그래서 1등에 당첨될 확률은 $\dfrac{1}{5,000,000}$이 되는 거야.

다음으로 로또의 1등 당첨 확률은 1부터 45까지 숫자 중 서로 다른 6개의 숫자를 선택하는 경우의 수를 구하면 돼. 먼저 하나의 숫자를 선택해 보자. 이때 선택할 수 있는 가짓수는 모두 45가지야. 두 번째 숫자를 선택할 때는 첫 번째 선택한 숫자는 빼야 하니까 44가지지. 이렇게 2가지 숫자를 선택하는 가짓수는 45×44가지가 되지. 마찬가지로 세 번째 숫자를 선택할 수 있는 가짓수는 43가지이고, 이렇게 6가지 숫자를 차례대로 선택하면 그 경우의 수는 45×44×43×42×41×40이 되는 거야. 그 값은 무려 5,864,443,200이지. 58억이 넘는 숫자야. 확률은 로또에 당첨되려면 6개의 숫자가 일치하기만 하면 되지만 58억이 넘는 경우의 수가 나온 이유는 같은 숫자 모임이라도 그 순서가 다르면 다른 경우로 계산했기 때문이야. 58억이 넘는 경우의 수에는 1, 2, 3, 4, 5, 6뿐만 아니라 2, 3, 1, 4, 5, 6이나 3, 6, 2, 4, 1, 5와 같은 경우를 모두 포함하고 있어. 그래서 58억이라는 엄청나게 큰 경우의 수가 나온 거지.

그렇다면 로또의 전체 경우의 수는 어떻게 구할 수 있을까? 5,864,443,200개의 로또 번호 중 임의로 하나를 선택한다고 가정해 볼까? 선택된 숫자가 3, 45, 21, 12, 19, 17이라면, 이를 하나로 봐야 하는 숫자는 몇 종류일까? 다시 말해 숫자를 크기순으로 나열한 3, 12, 17, 19, 21, 45와 같이 숫자 구성은 같은데 그 순서만 다른 경우의 수가 몇 가지인지 알아야 해. 즉 6개의 숫자를 일렬로 줄 세우는 가짓수를 구해야 하는 거지.

6개의 숫자를 1열로 세우는 방법은 로또의 경우의 수를 구하기 위해 썼던 방법과 같아. 첫 번째 자리 숫자를 선택하는 경우 6가지, 두 번째 자리 숫자를 선택하는 경우 5가지, ⋯, 마지막 여섯 번째 자리 숫자를 선택하는 경우 1가지까지 합해서 총 $6 \times 5 \times 4 \times 3 \times 2 \times 1 = 720$가지가 되는 거지.

처음 만들어 놓은 5,864,443,200개의 로또 번호 중 하나를 선택하면 숫자 구성은 같은데 그 순서만 다른 720개의 그룹을 만들 수 있어. 따라서 로또의 전체 경우의 수는 5,864,443,200을 720으로 나눈 8,145,060이 되는 거야. 따라서 로또 1등에 당첨될 확률은 $\dfrac{1}{8,145,060}$이야.

로또와 연금복권의 1등 확률을 비교해 보면 연금복권의 당첨 확률이 대략 1.6배 정도 높아. 그렇다면 연금복권이 더 유리한 복권일까? 당첨 확률은 높지만, 실제 당첨 금액으로 인한 경제적 이득을 따져 보면 어느 쪽이 낫다고 말하기가 쉽지 않아. 연금복권은 당첨금이 월 700만 원씩 20년이라고 정해져 있지만, 로또는 로또 판매량에 따라 1등 당첨금액이 달라지기 때문이지. 게다가 1등 당첨자의 숫자에 따라 그 금액을 나누게 되니까 1등 당첨 금액을 정확히 계산하기가 어려워.

하지만 두 복권 모두 복권을 사서 기대할 수 있는 수익의 기댓값은 50% 정도밖에 되지 않아. 복권을 만 원어치 사면 평균적으로 5천 원 정도를 받는다는 거지. 실제로 지금까지 로또는 76조 원가량 판매되었지만 총 당첨 금액은 38조 원밖에 되지 않아. 판매 금액의 절반 정도가 당첨 금액으로 지급되고 있다는 말이야. 따라서 수학적으로 생각하면 복권을 사는 일은 올바른 선택이 아닐 수 있어.

1. 다음 문장이 맞으면 O, 틀리면 X 표시를 해 보자.

> 복권의 기대수익(기댓값)은 보통 100%에 가깝기 때문에 장기적으로 손해가 거의 없다. (   )

2. 다음 빈칸에 알맞은 답을 써 보자.

> 로또 6/45의 전체 경우의 수는 8,145,060이므로
> 1등 당첨 확률은 _____이다.

3. 1부터 5까지의 숫자 중 2개의 숫자를 선택하는 경우의 수를 구해 보자.

 더 알고 싶어 119　　　　　　　　　📖 도서　▷ 영상　🔍 사이트

▷ **"꿈을 믿지 마라" 통계물리학자가 알려 주는 로또 번호 고르는 방법**
통계적으로 유의미한 복권 전략을 확인해 보자.

🔍 **로또 복권 정보**
실제 복권 정보를 확인하고 정확한 확률을 계산해 보자.

데이터 과학자

요즘 세상은 데이터가 가득해. 우리가 쇼핑할 때 뭐를 좋아하는지, 어떤 길로 가면 빨리 도착하는지, 병이 어떻게 퍼지는지까지도 데이터로 알아낼 수 있어. 이 방대한 데이터 속에서 중요한 정보를 찾아내고, 세상을 더 똑똑하게 만드는 사람이 바로 데이터 과학자야. 숫자와 문제 해결을 좋아한다면 정말 멋진 직업이지! 우리 데이터 과학자에 대해 자세히 알아보자.

데이터 과학자란 무엇일까?

데이터 과학자는 거대한 데이터의 바다에서 꼭 필요한 정보를 찾아내서 그 정보를 바탕으로 지식을 만들어 내는 전문가를 말해. 데이터 과학자는 다양한 산업 분야에서 올바른 결정을 내릴 수 있게 도움을 주거나, 문제를 해결하거나, 새로운 기회를 발견하는 핵심적인 역할을 맡고 있어.

데이터 과학자가 되는 길

데이터 과학자가 되려면 수학, 통계학, 컴퓨터 과학을 열심히 공부해야 해. 대학교에서 데이터 과학, 통계, 컴퓨터 과학 등을 전공으로 배우거나, 온라인으로 Python, R

같은 프로그래밍 언어와 데이터분석 기술을 익혀야 하지. 기계학습, 인공지능 등의 고급 분야를 배우는 것도 필요해.

데이터 과학자의 업무

데이터 과학자는 데이터를 수집하고 잘 골라서 분석할 수 있는 형태로 만든 다음 통계적 방법이나 기계학습 알고리즘을 이용해서 인사이트를 도출하는 일을 해. 이러한 인사이트는 회사에서 제품을 개발하거나, 마케팅 전략을 세우거나, 고객 경험을 더 낫게 만드는 데 사용되고 있지.

데이터 과학자와 관련된 직업들

데이터 과학자는 빅 데이터 엔지니어, 기계학습 엔지니어, 비즈니스 분석가 같은 다른 기술 직업들과 함께 협력하면서 일하고 있어. 이들은 각각 데이터의 수집이나 저장, 분석 및 활용 과정에서 중요한 역할을 하고 있는데, 함께 일하면 더 큰 가치를 만들어 낼 수 있어.

데이터 과학자의 미래와 진로 가능성

AI와 기계학습이 계속 발전하고 있기 때문에, 데이터 과학자의 역할은 더욱 중요해질 거야. 건강 관리, 금융 서비스, 소매, 제조업 등 거의 모든 산업에 데이터 과학을 적용할 수 있어서 그 가능성은 무궁무진하다고 볼 수 있지. 데이터에 기반한 의사결정이 표준으로 자리 잡으면서, 데이터 과학자를 필요로 하는 곳도 더 많아질 거야.

인공지능과
알고리즘의 세계

5부

인공지능 발전에 수학이 중요한 역할을 한다고?

인공지능의 발전을 이끈 수학

스마트폰의 음성 비서부터 자율주행 자동차까지 다양한 곳에서 인공지능 기술이 사용되고 있어.
그런데 이런 놀라운 기술의 바탕에 수학이 중요한 역할을 하고 있다는 걸 알고 있었니?
인공지능의 원리와 그 안에 숨겨진 수학의 중요한 역할에 대해 알아보자.

학습 키워드 #인공지능 #확률과통계 #벡터 #행렬 #데이터분석 #머신 러닝
교과 연계 고 > 인공지능과 수학

이제 우리는 스마트폰에 명령을 내리거나 유튜브나 넷플릭스 같은 동영상 플랫폼에서 취향에 맞는 영상이 올라와도 어색하지 않아. 인터넷이나 앱에서 물건을 살 때도, 자연스럽게 인공지능이 추천한 제품을 더 자주 사게 되었지. 또 자율주행 자동차가 도로를 달리거나, 실시간 통번역이 가능해질 정도로 인공지능은 이미 많은 곳에서 사용되고 있어.

인공지능이 어떻게 만들어졌는지 그 뿌리를 추적하다 보면 수학이 깊이 자리 잡고 있다는 것을 알 수 있어. 특히 확률이나 통계, 고등학교에서 배우게 될 미분, 벡터, 행렬 등은 인공지능이 동작하기 위해 반드시 필요한 개념들이야.

통계학이 필요한 이유는 너무나 당연해. 세상에는 데이터가 너무

많고, 이를 효과적으로 정리하려면 통계학을 알아야 하기 때문이지. 페이스북은 매일 새롭게 올라오는 약 4억 개의 사진을 처리하고 있고, 구글은 매일 약 35억 건의 검색어를 처리하고 있어. 이처럼 엄청나게 많은 자료들을 모으고, 분석하고, 그 패턴을 찾기 위해서는 통계적인 방법을 사용할 수밖에 없어. 인공지능은 이러한 통계의 도움을 받아서 우리에게 정보를 주고 있지. 하지만 완벽한 정답을 알려 주는 건 아니야. 정보를 찾는 사람이 가장 높은 확률로 필요할 거라 분석한 정보를 주는 거지. 예를 들어 사진첩에 사진을 올릴 때, 인공지능은 사진의 데이터를 분석해서 가장 높은 확률의 사진 주인공 이름을 추천해서 쉽게 태그할 수 있도록 돕고 있어. 확률을 더욱 높여서 정확한 대상을 추천하게 하려면 더 많은 데이터를 모아야 하고, 더 나은 방법을 찾아야 하는 데 이럴 때 수학이 필요하지.

벡터와 행렬

왜냐하면 컴퓨터가 다루는 대상이 바로 숫자이기 때문이야. 컴퓨터는 기본적으로 0과 1이라는 숫자로 모든 정보를 처리하고 있어. 이 숫자들을 이용해서 복잡한 문제를 해결하고, 다양한 작업을 할 수 있게 만드는 것이 바로 수학이야. 엄청나게 많은 데이터를 숫자로 표현하고, 이를 효과적으로 처리하려면 벡터와 행렬이라는 수학적 도구를 사용해야 해. '벡터'는 쉽게 말하면 숫자의 나열이야. 너희가 스마트폰으로 찍은 사진 한 장도 벡터로 나타낼 수 있어. "새로 나온 스마트폰의 카메라가 4,000만 화소야."라는 이야기 들어 본 적 있지? 이 이야기는 사진 한 장을 4,000만 개의 점을 이용해 나타낸다는 뜻이야. 이 점들은 각각 숫자를 이용해서 나타낼 수 있고, 점 4,000만 개의 정보는 다시 벡터로 나타낼 수 있어. 컴퓨터는 이런 사진들을 무수히 많이 다루고 있어. 그러기 위해서는 벡터들을 모으는 더 큰 구조가 필요하지. 이것이 바로 '행렬'이야. 벡터들을 모아서 직사각형 형태로 만들어서 여러 장의 사진을 한꺼번에 처리하는 거란다.

생각만 해도 복잡하지 않니? 페이스북에는 하루에 약 4억 개의 사진이 올라오는데, 한 줄에 4,000만 개의 정보가 담긴 벡터가 4억 줄이나 있다는 게 정말 엄청난 것처럼 느껴져. 아무리 컴퓨터 성능이 좋아졌다고 해도 이렇게 커다란 데이터를 처리하는 건 매우 어려운 일이야. 바로 이럴 때 수학의 도움이 필요해. 벡터와 행렬을 연구한 많은 수학자들 덕분에 무수히 많은 데이터를 효율적으로 처리할 수 있게 된 거지.

수학은 인공지능의 오류를 줄이는 데도 쓰이고 있단다. 인공지능은 너희가 쓴 숫자 5를 보고도, 간혹 3으로 잘못 이해할 수 있어. 이럴 때는 인공지능이 왜 이런 실수를 했는지 분석하고, 실수를 줄이는 방법을 찾아야 해. 인공지능이 예상한 값과 실제 값의 차이를 가능한 한 작게 만드는 방법을 미분을 이용해서 찾도록 도와주고 있어.

이처럼 수학은 인공지능의 시작부터 성장하는 과정에 이르기까지 계속 함께하고 있어. 물론 앞으로도 계속 함께할 거야.

1. 다음 빈칸에 알맞은 답을 써 보자.

> 인공지능이 사진이나 음성을 처리할 때 데이터를 숫자로 표현하기 위해 사용하는
> 기본 수학적 도구는 _____(와)과 _____이다.

2. 스마트폰으로 찍은 사진은 수많은 숫자로 이루어진 벡터로 나타낼 수 있어. 새로 나온 스마트폰의 카메라가 4,000만 화소라면, 한 장의 사진은 4,000만 개의 숫자로 표현할 수 있지. 그런데 페이스북에는 하루에 약 4억 개의 사진이 올라와. 이런 사진들을 효율적으로 처리하기 위해 수학에서는 벡터와 행렬을 이용해서 데이터를 다루고 있어. 그렇다면, 페이스북에 매일 올라오는 사진의 데이터를 한 줄에 4,000만 개의 숫자로 구성된 벡터로 나타낸다고 할 때, 총 몇 개의 숫자가 필요할까?

더 알고 싶어 119   📖 도서 ▷ 영상 🔍 사이트

📖 『**나의 첫 AI 수학**』(오세준, 맘에드림, 2023)
인공지능의 핵심 원리를 이루는 수학 개념을 찾아 정리하고, 일상 속에서 인공지능이 활용되는 사례를 한 가지 들어 설명해 보자.

▷ **AI 속에 숨어 있는 수학을 찾아라!**
영상 속 인공지능 기술에 사용된 수학 원리를 정리하고, 내가 흥미를 느낀 수학 개념이 실제로 어떻게 활용되는지 예를 들어 설명해 보자.

무엇이든
숫자로 바꾼다고?

인공지능이 세상을 이해하는 방식

인공지능이 어떻게 데이터를 수집하고 분석해서 우리에게 필요한 정보를 주는지 궁금하지 않니?
이걸 알고 싶다면 먼저 일상 속의 데이터들이 숫자로 변환되는 과정을 이해해야 해.
인공지능이 이미지나 소리, 문장 같은 데이터를 숫자로 처리하는 방법을 알아보자.

학습 키워드 #인공지능 #데이터변환 #숫자표현 #이미지처리 #자연어처리
교과 연계   고 〉 인공지능과 수학

인공지능은 수많은 데이터를 모아서 분석한 다음, 우리에게 필요한 의미 있는 정보를 주고 있어. 이렇게 하려면 먼저 데이터를 숫자로 바꾸는 과정이 필요해. 너희가 친구와 찍은 사진이 있다고 생각해 봐. 이 사진은 아주 많은 작은 점(픽셀)들로 이루어져 있을 거야. 각 픽셀은 각기 색깔을 가지고 있고, 이 색깔은 숫자로 나타낼 수 있어. 다양한 색을 표현하려면 하나의 점에 3개의 숫자가 필요해. 빨강(R), 초록(G), 파랑(B)의 색을 적절히 섞어야 원하는 색을 만들 수 있기 때문이지. 각 색깔의 진한 정도는 0부터 255까지로 나눌 수 있으니까 세 가지 색으로 $256 \times 256 \times 256$가지의 색깔을 나타낼 수 있어. 이 숫자는 1,600만이 넘으니까 충분히 많은 색을 나타낼 수 있는 거지. 예를 들어 가로로

3개의 점, 세로로 5개의 점을 찍는 총 15개의 픽셀을 가진 그림은 컴퓨터에 다음과 같은 RGB 값 정보를 입력해야 그릴 수 있어.

[255, 255, 255]	[123, 104, 238]	[255, 255, 255]
[255, 69, 0]	[255, 255, 255]	[0, 255, 127]
[0, 191, 255]	[255, 255, 255]	[255, 20, 147]
[255, 140, 0]	[173, 255, 47]	[0, 255, 255]
[255, 105, 180]	[255, 255, 255]	[138, 43, 226]

4,000만 화소의 스마트폰으로 찍은 사진에는 4,000만 개의 점이 있고, 각 점마다 3개의 숫자가 필요하니까 1억 2,000만 개의 숫자가 사용되고 있는 거지. 이처럼 컴퓨터는 이미지를 숫자의 배열로 보고 있어. 인공지능은 이러한 숫자들을 분석해서 이미지가 갖고 있는 중요한 특징을 뽑아내는 거야. 이를 위해서 '컨볼루션 신경망**CNN**'이란 특별한 도구를 사용하지. 컨볼루션은 이미지에서 중요한 부분이나 특징을 찾아내는 과정인데, 특징 맵이라는 숫자 집합으로 바꿔서 사용하고 있어. 이렇게 바꾼 숫자들은 원본 이미지보다 중요한 정보를 담고 있어서, 인공지능이 이미지를 더 잘 이해할 수 있게 돕는다고 해.

예를 들어 초콜릿 공장에서 일한다고 상상해 볼까? 공장에 있는 여러 가지 초콜릿을 크기, 모양, 색깔 등으로 분류해야 한다면, 크기, 모양, 색깔이 특징이라고 할 수 있잖아. 이 특징을 숫자로 나타내는 거야. 예를 들어 크기는 1(작다), 2(중간), 3(크다), 모양은 1(동그라미), 2(네모), 3(별), 색깔은 1(초콜릿색), 2(흰색), 3(노란색), 이렇게 특징에 따른 숫자로 바꾸면 인공지능이 이미지를 더 쉽고 빠르게 분류할 수 있는 거지. 특징을 더 세밀하게 나누거나 더 많은 종류로 분류해야 한다면 더 다양한 이미지를 분류할 수 있는 인공지능도 만들 수 있을 거야.

음악과 언어도 숫자로 바꿔서 해석하는 인공지능

숫자로 바꿔서 나타내는 것은 이미지뿐만이 아니야. 우리가 듣는 음악도 소리의 파동을 숫자로 나타낼 수 있어. 각 숫자는 특정한 소리의 높낮이나 크기를 나타내고, 이 숫자들이 모이면 음악이 되는 거야. 음성 인식 기술은 우리의 목소리를 숫자로 바꿔서 인공지능이 이해할 수 있도록 도와주고 있어. 우리가 스마트폰에 "안녕, 날씨 알려줘."라고 말하면, 인공지능은 이 음성을 숫자로 바꾼 다음에 어떤 내용인지 분석해서 우리가 무엇을 말했는지 이해하는 거야.

인공지능과 대화할 수 있게 된 것은 인간의 언어를 이해하고 처리하는 기술인 '자연어 처리 기술'이 발전했기 때문이야. 컴퓨터는 먼저 문장을 단어로 나누는 일부터 시작해. 예를 들어 "오늘 숙제 뭐야?"라는 문장은 "오늘", "숙제", "뭐야?"로 나눈 다음 다시 숫자로 바꾸고 벡터로 나타내는 거지. 효과적으로 문장을 처리하려면 각 벡터를 고정된 크기로 바꾸는 과정을 거쳐야 해. 그다음 비슷한 의미가 담긴 단어들은 가까운 벡터 공간에 놓이도록 만드는 거지. 이러한 방식을 기반으로 다양한 모델들이 만들어졌고 꾸준히 발전하고 있어. 최근에는 인공지능이 사람의 말을 더욱 잘 알아듣게 돼서 사람과 말하는 건지 인공지능과 말하는 건지 점점 구분하기 어려워질 정도로 발전 속도가 빨라졌어.

1. 다음 빈칸에 알맞은 답을 써 보자.

> 사진 한 장을 컴퓨터에서 다루려면 각 점(픽셀)의 색깔을 숫자로 나타내야 해.
> 색깔을 나타내기 위해 사용하는 세 가지 기본 색은
> _____, _____, _____이야.

2. 이미지를 인공지능이 분석할 때 중요한 특징을 추출해 특징 맵으로 만드는 신경망 구조를 무엇이라고 할까?

------

3. 인공지능이 "안녕, 날씨 알려줘."라는 말을 이해하려면 소리를 숫자로 바꿔야 해. 너희는 어떤 단어를 숫자로 표현하고 싶니? 그 숫자는 어떤 기준으로 정하는 게 좋을까?

더 알고 싶어 119   📑도서 ▶영상 🔍사이트

📖 『**진짜 생활 속의 수학**』 (이승훈, 경문사, 2023, Part5. 4차 산업사회를 위한 수학)
　　인공지능이 데이터를 통해 세상을 이해하는 과정을 수학적으로 설명하고, 일상 데이터를 이용해 간단한 예측 실험을 설계해 보자.

▶ **AI 시대, 낙후되지 않기 위해 꼭 필요한 학문 '수학'**
　　영상에서 강조한 수학의 역할을 정리하고, 인공지능 시대에 내가 스스로 기를 수 있는 수학적 사고력 한 가지를 실천 계획으로 써 보자.

인공지능은
어떻게 비슷하다는 것을 알까?

인공지능이 유사도를 측정하는 방법

우리는 다양한 사물과 사람들이 얼마나 비슷하거나 다른지 직관적으로 구별할 수 있어.
컴퓨터가 이런 능력을 갖추려면 유사한 정도를 수학적으로 계산해야 하지. 그렇다면 인공지능은
유사한 정도를 어떻게 측정하는지, 그 방법들은 어떻게 구현되는지 알아보자.

학습 키워드 #인공지능 #유사도 #벡터 #유클리드유사도 #코사인유사도
교과 연계 고 〉 인공지능과 수학

우리는 매일 접하는 수많은 사물과 사람들이 서로 어떻게 다르고 비슷한지 쉽게 알아차릴 수 있어. SNS에 쓰인 글을 보고도 어떤 내용인지, 어떤 감정이 담겨 있는지 쉽게 알아차릴 수 있지. 이런 능력은 컴퓨터에게는 자연스러운 일이 아니야. 인공지능이 이런 능력을 가지려면 비슷하다는 것이 무엇인지 알아야 하기 때문이지.

SNS의 글이나 사진, 음성, 영상 같은 모든 데이터는 숫자의 모임으로 나타낼 수 있는데, 인공지능은 이러한 숫자들을 보고 서로 비슷한 벡터가 무엇인지 알아낼 수 있어야 해. 비슷한 정도를 측정하는 것 역시 숫자로 계산하기 때문이지. 비슷한 정도는 '유사도'라고 해. 간단한 예를 들어서 인공지능이 유사도를 계산하는 방법을 살펴볼게.

친구들과 놀이공원에 갔는데 한 친구와 짝을 지어서 함께 다니게 됐어. 그런데 짝과 타고 싶은 놀이 기구가 달라서 놀이공원을 제대로 즐길 수 없었어. 이 문제를 풀기 위해 서로 비슷한 취향을 파악하는 방법을 생각해 보았어. 일단 회전목마나 롤러코스터에 타고 싶은 마음을 1에서 5점까지 표시해 볼게.

학생	회전목마	롤러코스터
A	4	4
B	1	1
C	5	1
D	1	2
E	2	4

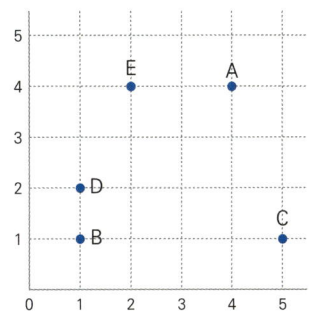

유사도를 계산하는 첫 번째 방법은 '유클리드 유사도'야. 위 그림처럼 가로는 회전목마 점수, 세로는 롤러코스터 점수를 좌표평면에 나타내서 거리가 가까운 정도를 유사도 값으로 사용하는 거지. 예를 들어 B 학생과 D 학생의 거리가 가장 짧으니까 가장 취향이 비슷한 친구라고 생각할 수 있어. 반대로 C와 E처럼 거리가 멀다면 취향이 다르다고 생각할 수 있지. 이처럼 벡터의 위치를 좌표평면의 점으로 생각하고 그 거리를 측정해서 유사도를 결정할 수 있어. 서로 거리가 가까울수록 비슷하다고 보기 때문에 유사도의 값이 0에 가까울수록 더욱 비슷하다고 볼 수 있지.

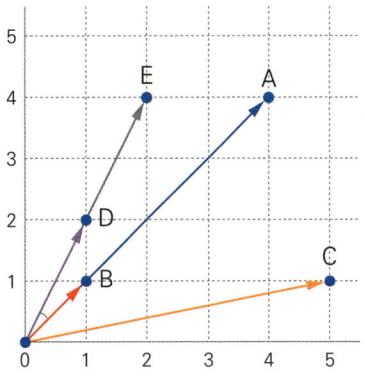

코사인 유사도

하지만 유사도가 항상 올바른 판단을 하게 만드는 건 아니야. 유클리드 유사도에서 같은 짝이 되지 않았던 D와 E 학생이 더 잘 맞을지도 몰라. D는 자기주장이 강하지 않은 편이라 점수를 전체적으로 적게 적었어. 대신 회전목마보다는 롤러코스터를 2배 더 좋아했지. E도 회전목마보다는 롤러코스터를 2배 더 좋아하지만, 자기주장이 강해서 각각 2점과 4점을 적었어. 이런 경우 D와 E는 놀이 기구 타는 취향이 아주 잘 맞는다고 볼 수 있어. 이런 입장에서 유사도를 측정하려면 벡터 간에 이루는 각도를 계산하는 방법이 필요해. 각도가 작을수록 비슷하다고 판단하는 거지. 삼각비 중 하나인 코사인 값을 이용하면 그 계산을 상당히 간단하게 만들 수 있어서 코사인을 이용하고 있어. 이렇게 계산된 유사도를 '코사인 유사도'라고 하는데, 코사인 값을 이용하면 두 벡터가 이루는 각이 0°일 때는 $\cos 0° = 1$이니까 코사인 유사도가 1에 가까울수록 비슷하다고 판단하는 거지.

수집한 데이터를 살펴보고, 데이터를 어떻게 활용할지 방법을 생각하면서 가장 적절한 유사도 측정 방법을 선택하는 것이 중요해. 이 선택에 따라 다른 성능의 인공지능 모델이 만들어질 수 있기 때문이야.

1. 다음 빈칸에 알맞은 답을 써 보자.

> 두 벡터 사이의 거리를 이용해 유사도를 측정하는 방법을
> _____(이)라고 하고 벡터가 이루는 각도의 코사인 값을 이용해 유사도를
> 측정하는 방법을 _____(이)라고 한다.

2. 다음 문장이 맞으면 O, 틀리면 X라고 표시해 보자.

> 코사인 유사도는 두 벡터가 이루는 각이 작을수록 O에 가까워진다. (   )

3. 인공지능은 어떻게 설계해야 할지 생각하는 게 매우 중요해. 만약 너희가 인공지능을 설계한다면 놀이공원 취향의 유사도를 계산하기 위해 어떤 것을 기준으로 삼을 수 있을까?

 👍 **더 알고 싶어 119**

📖 도서 ▷ 영상 🔍 사이트

📖 『**나의 첫 AI 수학**』 (오세준, 맘에드림, 2023)
　인공지능이 유사도를 측정하는 다양한 수학적 도구를 확인해 보자.
▷ **4분 만에 중딩도 이해하는 최신 인공지능 이미지 분류 기법**
　영상 속 이미지 분류 과정에서 사용된 유사도 개념을 정리해 보자.

인공지능은 어떻게 학습할까?

인공지능을 만드는 세 가지 학습 방법

인공지능이 어떻게 작동하는지 그 과정이 궁금하지 않니? 인공지능은 지도학습, 비지도학습, 강화학습 등의 방법을 통해 데이터를 이해하고 활용하는 법을 배우고 있어. 각각의 학습 방법이 어떻게 작동하고, 어떤 역할을 하는지 알아보자.

학습 키워드 #인공지능 #지도학습 #비지도학습 #강화학습 #기계학습

교과 연계 고 › 인공지능과 수학

인공지능이 제대로 작동하려면 강력한 성능의 컴퓨터와 대용량 데이터, 고급 알고리즘, 전문가의 지식 등이 필요해. 이 모든 요소가 꾸준히 발전하면서 인공지능은 우리 삶에 더욱 유용한 도구가 되어 가고 있어. 하지만 수많은 데이터와 강력한 성능의 컴퓨터가 있다고 해도 인공지능을 제대로 학습시키지 못한다면 활용하기가 어려울 거야. 인공지능을 학습시키는 방법을 우리는 '기계학습'이라고 불러. 기계학습에는 크게 '지도학습, 비지도학습, 강화학습'이 있지.

지도학습

'지도학습'은 인공지능이 학습하는 가장 기본적인 방법이야. 주어

진 데이터를 이용해서 학습을 시키는데, 이 데이터에는 정답이 들어 있어야 해. 마치 선생님이 학생에게 많은 문제와 답을 주고 풀게 하는 것과 비슷하지. 예를 들어 강아지와 고양이를 구분하는 인공지능을 만들려면 "강아지"라는 답이 적힌 강아지 사진과 "고양이"라고 답이 적힌 고양이 사진을 인공지능에게 많이 학습시키면 돼. 학습하는 양이 늘어날수록 인공지능은 이를 구분할 수 있는 최적의 식을 찾게 될 거야. 이때 '선형회귀'라는 수학적 아이디어가 사용돼. 강아지와 고양이를 잘 구분할 수 있는 직선의 식을 만드는 거지. 보통 $y = mx + b$와 같은 일차함수의 형태로 만들어져. 다만 x는 입력되는 사진들이니까 단순히 하나의 숫자는 아니고 벡터가 들어가는 구조로 보면 돼. 만약 강아지 사진들의 정보를 x에 넣으면 평균적으로 2가 나오고, 고양이 사진들의 정보를 x에 넣으면 평균적으로 8이 나온다고 가정해 볼게. 이때 새로운 사진 정보를 x에 대입했을 때 3이라는 결과가 나온다면, 강아지 사진들의 함숫값 평균(2)과 더 비슷하기 때문에 인공지능은 이 새로운 사진을 강아지라고 판단하게 되는 거야. 또 다른 사진 정보를 대입한 결과가 9가 나왔다면 고양이 사진들의 평균(8)과 가깝기 때문에 인공지능이 고양이라고 판단하게 된다는 거지.

비지도학습

'비지도학습'은 지도학습과는 달리 정답이 없는 데이터를 사용해. 인공지능 스스로 데이터를 보고 패턴이나 규칙을 찾아내는 거지. 퍼즐을 맞출 때는 모든 조각이 섞여 있어서 어떤 조각이 어디에 맞는지 알 수 없잖아. 퍼즐 조각들을 하나씩 맞춰 가면서 점점 전체 그림을 완성하게 되지. 비지도학습은 퍼즐 맞추기와 비슷해. 데이터가 주어지면,

그 데이터를 이용해서 패턴을 찾고 데이터를 그룹으로 나누거나, 데이터 간의 관계를 파악해서 그림을 만들어 가는 거야. 이러한 다양한 방법들은 수학적인 사고를 바탕으로 만들어졌어. 예를 들어 주어진 데이터를 비슷한 그룹으로 분류하는 '군집화 알고리즘'은 그룹의 중심을 계산하는 과정에서 '평균'과 같은 통계적 지식을 사용하고, '알고리즘'이 항상 답을 가지며, 오류 없이 완료될 수 있다는 것을 수학적으로 보증해 주는 거야.

강화학습

마지막으로 '강화학습'은 인공지능이 환경과 상호작용하면서 학습하는 방법이야. 인공지능이 어떤 행동을 취하면 그 행동에 대한 보상이나 벌을 받게 되는데, 그러면 인공지능은 이를 통해 어떤 행동이 좋은지, 나쁜지를 배우게 되는 거지. 마치 게임을 하면서 점수를 얻거나 잃는 것과 비슷해. 이러한 과정을 꾸준히 거치다 보면 점점 더 게임을 잘하게 되는 이치야. 마찬가지로 인공지능도 강화학습에 '보상과 가치'라는 개념을 사용하고 있어. 인공지능은 최대한 많은 보상을 얻기 위해 행동을 조정하고, 가치 함수를 사용해서 가치를 평가하지. 강화학습 인공지능은 많은 분야에서 사용되고 있어. 특히 게임 인공지능 분야에서 큰 성과를 보이고 있지. 바둑 세계 챔피언을 이기며 주목받은 알파고나 스타크래프트를 플레이하는 알파스타 등이 강화학습을 통해 만들어진 인공지능이야. 강화학습은 로봇의 움직임을 제어하는 로봇공학이나 최적의 경로를 선택하기 위한 자율주행 시스템에서 사용되고 있단다.

1. 다음 문장의 의미에 알맞은 답을 써 보자.

> 데이터에 정답이 포함되어 있어 정답을 바탕으로 학습하는 방법: _____
> 정답 없이 스스로 패턴을 찾는 학습 방법: _____

2. 지도학습에서는 강아지와 고양이를 구분하기 위해 데이터에 "정답"이 필요하다고 했어. 왜 정답이 중요한 걸까?

----

3. 비지도학습에서는 정답 없이 데이터를 보고 인공지능이 스스로 규칙을 찾아낸다고 했어. 퍼즐 맞추기와 비슷한 이 방식의 장점은 무엇일까?

 더 알고 싶어 119

📖 도서 ▷ 영상 🔍 사이트

📖 『**청소년을 위한 인공지능 해부도감**』(인포비주얼연구소, 더숲, 2019)
지도학습·비지도학습·강화학습의 특징을 정리하고, 일상 속 예시를 들어 세 가지 학습 방식을 비교해 보자.

▷ **실패로부터 배운다, AI의 학습법** 영상에서 설명한 AI의 학습 과정을 정리하고, 내가 최근 실패를 통해 배운 경험을 AI의 학습 방식과 연결해 짧게 써 보자.

인공지능이
사람의 뇌와 같다고?

딥러닝을 통해 사람처럼 생각하는 인공지능 만들기

우리가 매일 접하는 챗봇이나 자율주행 자동차, 의료 진단 인공지능 등은
모두 인간의 뇌를 모방한 딥러닝 기술 덕분에 만들어졌어. 인간의 뇌를 다층 신경망으로 흉내 낸
딥러닝이 어떻게 만들어졌고, 어떤 원리로 작동하는지 살펴보자.

학습 키워드	#딥러닝 #인공지능 #인공신경망 #경사하강법 #기계학습
교과 연계	고〉인공지능과 수학

    사람처럼 대화하는 챗봇, 자율주행 자동차, 의료 진단 인공지능, 실시간 통역 인공지능, 그림 그리는 인공지능, 영상을 만드는 인공지능 등 이전에는 사람만이 할 수 있었던 많은 일들을 인공지능이 해내고 있어. 기계가 사람처럼 생각하고 행동할 수 있게 된 이유는 인공지능이 인간의 뇌를 모방해서 만들어진 인공신경망을 사용하기 때문이야. 인간의 뇌 안에는 함께 작동하면서 정보를 배우고 처리하는 천억 개 이상의 신경세포가 서로 연결되어 있어. 뇌의 이러한 구조를 흉내 낸 인공지능이 바로 '딥러닝'이야. 딥러닝은 인간의 뇌처럼 인공신경망을 여러 층으로 연결해서 각 층들이 상호작용하면서 정보를 처리할 수 있도록 만들어졌어.

딥러닝과 라벨링

딥러닝 인공지능을 실제 우리가 사용하게 된 것은 그리 오래되지 않았어. 인공신경망에 대한 아이디어는 1943년에 처음 등장했고, 1989년에는 손으로 쓰인 우편번호를 인식하는 인공지능이 나오기도 했지. 하지만 신경망 학습에 필요한 시간이 너무 오래 걸리는 바람에 일반적으로 사용하기에는 적합하지 않다고 여겨졌었지. 물론 시간뿐만 아니라 수학적으로 해결되지 않은 다양한 문제들도 있었어. 학습에 너무 많은 시간이 필요한 것은 수학이 해결할 수 있는 문제가 아니었지.

이때 GPU(그래픽 처리 장치)가 발달하면서 딥러닝의 학습에 드는 시간을 획기적으로 줄여 주었어. 또한 SNS를 통해 쏟아져 나오는 수많은 데이터도 인공지능의 발달에 큰 도움을 주게 되었단다.

인공지능이 학습하려면 먼저 데이터와 데이터에 적절한 이름을 붙여 주는 라벨링 작업이 필요해. 이 자료가 어떤 자료인지 설명을 해 줘야 인공지능을 효과적으로 학습시킬 수 있기 때문이지. 사람들은 SNS에 글이나 사진을 올리면서 #해시태그를 함께 작성했는데, 바로 이 해시태그가 라벨링 작업을 도와준 셈이었어.

많은 데이터를 학습시키는 것은 기계학습과 별반 다르게 보이지 않을 수도 있지만 기계학습 인공지능은 입력에서 출력까지 거치는 층이 1~2개에 불과한 반면 딥러닝은 이러한 층이 많고 복잡해서 더욱 정교한 인공지능을 만들 수 있어. 예를 들어 강아지와 고양이를 구분하는 인공지능을 만든다면 1개의 층이 있는 기계학습 인공지능은 강아지와 고양이를 구분하는 하나의 층을 꼬리 모양의 정보 하나에만 초점을 맞춰서 구분하도록 만들어야 해. 반면 복잡하고 많은 층을 가지는 딥러닝 모델은 각 층마다 눈 모양, 귀 모양, 꼬리 모양 등을 구분하고, 각 요소

별로 적절한 가중치를 두어서 문제의 답을 찾는 방식이지. 따라서 가장 적절한 답을 찾을 확률이 크게 높아졌어.

딥러닝의 발전과 한계

전통적인 기계학습에서 다루기 어려웠던 다양한 분야에서 딥러닝이 빠른 속도로 발전하면서 2014년에는 이미지 인식 분야에서 인간과 동등한 능력을 보이기 시작했고, 2015년에는 음성 인식, 2017년에는 독해력에서도 인간의 능력을 넘어서고 있어. 인공지능은 지금 이 순간에도 인간의 능력을 계속 넘어서고 있을 거야.

딥러닝은 이렇게 빠른 속도로 발전하고 있지만 그 방법들이 이론적으로 완벽히 검증되지 않았다는 한계도 갖고 있어. 딥러닝의 핵심 아이디어인 '경사하강법'은 이론적으로는 검증되었지만, 이와 함께 사용하는 다른 알고리즘은 이론적인 검증이 아직 미흡한 상태에 머물고 있지. 이론적인 검증보다 인공지능의 설정 값을 다양하게 조정해 가면서 경험적으로 더 좋은 인공지능을 만들고 있기 때문이야. 수학 연구에서 추가적인 이론적 검증을 맡아서 보다 최적화된 알고리즘을 개발한다면 인공지능은 우리 삶에서 더욱 소중한 존재로 자리매김할 수 있을 거야.

1. 다음 빈칸에 알맞은 답을 써 보자.

> 인간의 뇌를 모방해 여러 층의 인공신경망으로 만들어진 인공지능 기술을 _____(이)라고 한다.

2. 다음 문장이 맞으면 O, 틀리면 X 표시를 해 보자.

> 딥러닝은 전통적인 기계학습보다 층이 많고 복잡하여 더 정교한 인공지능을 만들 수 있다. (   )

3. 딥러닝은 인간의 뇌를 모방한 인공신경망을 사용한다고 했어. 딥러닝에서 여러 층(레이어)을 갖는 것이 왜 중요한 걸까?

더 알고 싶어 119   📖 도서 ▶ 영상 🔍 사이트

📖 『High 인공지능 Hi 인류의 미래』 (전혜인 외, 푸른길, 2024)
    딥러닝의 원리를 사람의 학습 과정과 비교해 보고, 인간의 사고를 닮은 인공지능이
    가진 장단점을 나의 생각으로 정리해 보자.

▶ 신경망이란? | 딥러닝 개론
    영상 속 신경망 구조와 작동 원리를 간단히 정리하고, 내가 상상하는 '사람처럼 생
    각하는 AI'의 모습을 그림이나 문장으로 표현해 보자.

AI 연구원

요즘 어디서든 AI라는 말 많이 들어 봤지? 사람처럼 배우고 생각하는 컴퓨터를 만들고 연구하는 사람이 바로 AI 연구원이야. 새로운 기술을 만들어 세상을 더 편리하고 똑똑하게 바꾸는 사람들! 미래를 앞당기는 진짜 멋진 직업이지. AI 연구원에 대해 자세히 알아보자.

AI 연구원이란?

AI 연구원은 인공지능 기술을 발전시키기 위해 앞장서는 전문가들이야. 이들은 컴퓨터 시스템이 인간처럼 학습하고, 추론하며, 인식할 수 있도록 만들어 주는 알고리즘과 모델을 개발하고 있지. 현재 AI 기술은 의료 진단이나 자율주행 자동차, 음성 인식 등 다양한 분야에서 놀라운 혁신을 가져오고 있어.

AI 연구원이 되는 길

AI 연구원이 되려면 컴퓨터 과학이나 수학, 통계학 등의 분야에서 높은 수준의 지식을 갖춰야 해. AI 연구원 대부분은 컴퓨터 과학 또는 관련 분야에서 박사 학위를 받은 사람들이야. Python, R과 같은 프로그래밍 언어, TensorFlow, PyTorch 같은 기계 학습 환경에 대해서도 반드시 깊이 있게 이해하고 있어야 해.

AI 연구원의 업무

AI 연구원은 새로운 AI 모델을 개발하고, 이를 다양한 데이터 세트에 적용하면서 모델을 훈련시키고 테스트하는 일을 맡고 있어. 이러한 과정을 거치면서 모델의 성능을 최적화하는 동시에, 연구한 결과를 국제 학술지에 논문으로 발표하거나 컨퍼런스에 나가 발표하기도 하지. AI 연구원의 목표는 AI 기술이 활용되는 분야를 넓히고 그 가능성을 최대한 확장하는 거야.

AI 연구원과 관련된 직업들

AI 연구원은 기계학습 엔지니어, 데이터 과학자, 로봇공학 연구원 등 다른 기술 전문가들과 가까운 곳에서 교류하며 협력하고 있어. 이들 각각은 AI 기술 개발을 적용하는 과정에서 중요한 역할을 하고 있으며, 서로 함께 협력하면서 인공지능 기술이 새로운 차원으로 도약할 수 있도록 노력하고 있어.

AI 연구원의 미래와 진로 가능성

AI 기술은 미래 사회의 많은 측면을 변화시킬 잠재력을 갖고 있어. AI 연구원은 이러한 변화에 앞장서는 중심에 있으며, 자율주행 자동차, 헬스 케어, 금융 서비스 같은 분야에서 AI를 적용할 다양한 가능성을 찾고 있지. AI 연구원으로서 성장하려면 꾸준히 학습해야 하고 새로운 분야에 도전해야 하지만, 이 분야가 빠르게 발전하면서 함께 성장할 수 있는 기회가 무한하게 주어지고 있는 상황이야.

정답

01일차

1. 5×7×11
2. 1,5,7,11,(5×7)=35,(5×11)=55,(7×11)=77,(5×7×11)=385
3. 2 카드를 선택할 수 있는 가지수는 4가지야. 0장, 1장, 2장, 3장을 선택할 수 있기 때문이지. 마찬가지로 3 카드는 3가지, 7 카드는 2가지. 따라서 총 경우의 수는 4×3×2=24가지가 돼.

02일차

1. ③
   해설 유클리드는 소수가 유한하다고 가정한 뒤 그 모든 소수의 곱에 1을 더해 새로운 수가 기존 소수들로 나누어 떨어지지 않는다는 것을 이용해 모순을 이끌어 어.
2. 항상 그렇진 않지만 숫자가 커질수록 소수가 나타나는 빈도는 줄어드는 경향이 있어. 실제 1~100까지에는 25개의 소수가 1000~1100까지에는 16개의 소수가 있지.
3. 97이 소수인지 확인하려면 97보다 작은 모든 숫자를 확인할 필요는 없어. 왜냐하면 약수는 쌍으로 존재하는데, 큰 약수 하나가 있다면 그 짝이 되는 작은 약수는 항상 제곱근보다 작아. 97의 제곱근은 약 9.8이니까, 9.8보다 작은 소수인 2, 3, 5, 7로만 나누어 보면 돼. 이 숫자들로 나눠서 모두 나누어떨어지지 않으니까 97은 소수야!

03일차

1. 최대공약수, 최소공배수
2. (1) 최대공약수 : 1, 최소공배수 : 36   (2) 최대공약수 : 1, 최소공배수 : 420
3. 최대공약수는 모두 1이고 최소공배수는 두 수의 곱이야. 최대공약수와 최소공배수 구하기가 참 쉬운 두 수지? 이렇게 된 이유는 두 수의 공약수가 1밖에 없기 때문이야. 그리고 이러한 두 수를 '서로소'라고 하지.

04일차

1. ③
   해설 0보다 작은 수를 음수라고 하며 -3이 해당돼.
2. 흰색 바둑돌 3개에서 흰색 바둑돌 5개를 뺄 수는 없잖아. 그래서 흰색과 검정색 바둑돌을 각각 5개씩 더해 줘.
   ○○○ + (○○○○○ + ●●●●●) - ○○○○○

그러면 ○○○+●●●●● 가 되어 ●●만 남겠지?
따라서 답은 2야.
3. 왼쪽, 3
   해설 음수는 수직선에서 왼쪽 방향으로 이동함을 의미한다.

05일차

1. ①
   해설 2칸 올라갔다가 4칸 내려오면 -2이므로 땅으로 2칸 내려간 셈이다.
2. (-3)×(-4), +12.
   해설 돌멩이(-3)를 끊는 것(-4)은 두 번 부정을 의미하므로 +12가 된다.
3. 풍선 2개를 달고 돌멩이를 3개를 잘라 내면 5칸 올라가게 돼. 그리고 풍선 2개를 자르면 3칸 올라간 상태가 된다. 마지막으로 여기에 돌멩이를 하나 달면 한 칸 내려가서 결국 단비는 2칸 올라간 상태다. 따라서 답은 +2이다.

06일차

1. ④
   해설 수와 문자의 곱은 곱셉 기호를 생략해 수를 문자 앞에 쓴다. ab=ba는 보통 알파벳 순서대로 ab로 쓴다.
2. x^3y^2
3. $\sum_{n=1}^{5} n$, 5!

07일차

1. $\dfrac{2}{3}$
2. $0.27\dot{2}\dot{5}$
3. 분수가 유한소수로 표현될 수 있는지 여부는 분모의 소인수에 의해 결정돼. 먼저 분수를 기약분수로 나타내고, 분모의 소인수가 2와 5만 있는지 확인하면 돼. 왜냐하면 유한소수가 되려면 분모가 10, 100, 1000, … 과 같이 10의 거듭제곱으로 표현되어야 하거든.

08일차

1. 순환마디
2. ★ = 0.9999…라고 하면 10★ = 9.9999…이 된다. 따라서 10★ - ★ = 9, 9★ = 9, ★ = 1이다.
3. 분모에 순환마디(751)의 숫자 개수인 3개만큼 9를, 순환하지 않는 숫자(2)의 개수만큼 0을 쓰니까 분모는 9990이야. 분자는 전체 숫자 배열에서 순환하지

않는 부분을 빼면 되니까 2751-2=2749야. 따라서 답은 $\frac{2749}{9990}$ 이 된다.

09일차

1. 3을 제곱하면 9, 4를 제곱하면 16이니까 $\sqrt{10}$은 3 보다 크고 4보다 작아. 3.1^2=9.61이고, 3.2^2=10.24 니까 $\sqrt{10}$은 3.1보다 크고 3.2보다 작아. 그러니 소수점 첫 번째 자리까지 구하면 3.1이야.

2. 4의 제곱근에 2와 -2가 있는 것처럼 보통 제곱근은 2개 존재해. 단 하나, 0은 제곱근이 0밖에 없어.

10일차

1. $2\sqrt{2}+2\sqrt{3}-\sqrt{5}$

2. $2\sqrt{2}$

   해설 $\sqrt{50}=\sqrt{5}\times\sqrt{5}\times\sqrt{2}=5\sqrt{2}$ 이고 $\sqrt{18}=\sqrt{3}\times\sqrt{3}\times\sqrt{2}=3\sqrt{2}$이므로 $\sqrt{50}-\sqrt{18}=5\sqrt{2}-3\sqrt{2}=2\sqrt{2}$ 가 된다.

3. 답은 무수히 많아. 예를 들어 $\sqrt{5}+3\sqrt{3}-\sqrt{3}=2\sqrt{3}+\sqrt{5}$ 과 같은 것이 있어. 보통 우리는 문제가 주어지고 답을 찾는 일만 많이 해. 위 문제처럼 답이 주어졌을 때, 문제를 만들어 보려는 시도를 해 봐. 이런 활동이 너의 수학 역량을 키워 줄 거야.

11일차

1. X

   해설 A2 용지는 A3 용지 2장을 만들 수 있다. 2장의 A3 용지를 반으로 자르면 총 4장의 A4 용지가 생긴다. 따라서 4장의 A4 용지를 반으로 잘라 총 8장의 A5 용지를 얻을 수 있다.

2. 반으로 접어도 닮음꼴 직사각형을 만들어 종이 낭비를 줄이기 위해서다.

3. 분모에 $\sqrt{2}$가 보이니까, 분모, 분자에 모두 $\sqrt{2}$를 곱하고 싶지? 그런데 $\frac{1\times\sqrt{2}}{(\sqrt{2}+1)\times\sqrt{2}}=\frac{\sqrt{2}}{2+\sqrt{2}}$가 되어 버려. 여전히 $\sqrt{2}$가 분모에 남아 있어. 그래서 다른 방법이 필요해. 인수분해의 공식을 이용하는데, 분모 분자에 $\sqrt{2}-1$을 곱하는 거야. 왜냐하면 $(\sqrt{2}+1)(\sqrt{2}-1)=\sqrt{2}^2-\sqrt{2}+\sqrt{2}-1=2-1=1$이 되거든. 따라서 $\frac{1}{\sqrt{2}+1}$은 $\sqrt{2}-1$이 돼.

12일차

1. 상수, 변수

2. 138,000원

   해설 1,200×120+1,500×80-12,000×8-30,000 을 계산하면 돼.

3. 어떤 상황을 떠올렸니? 너무나 많은 상황이 있을 수

있어. 그리고 이미 문자를 사용해서 나타나는 상황들도 많지. 속력이 80km/h로 달리는 자동차로 t시간 동안 이동한 거리는 80tkm로 표현할 수 있고, 매달 받은 용돈의 30%를 꾸준히 1년 동안 모은다면, 용돈을 m이라고 할 때 0.3m ×12=3.6m으로 표현할 수 있지.

13일차

1. 좌변, 우변, 양변   2. x = 6

3. 쉽게 생각할 수 있는 건 2를 세제곱하면 8이니까 x^3=8과 같은 삼차방정식을 생각할 수 있어. 이 식은 사실 (x-2)(x^2+2x+4)=0으로 쓸 수 있어. 그래서 x=2가 해가 되는 거야. 따라서 x-2를 포함하며 삼차식을 만들면 2가 해가 되는 삼차방정식이 돼. 즉 (x-2)(x에 관한 이차식)형태로 쓰면 모두 2를 해로 갖는 삼차방정식이 되는 거지. 삼차 이상의 방정식은 고등학교 때 배우게 될 거야.

14일차

1. 동류항   2. 4x

3. 여기서 동류항은 3y와 -2y 그리고 $3x^2$과 $-x^2$이야. 따라서 이를 간단히 정리하면, $2x+y+2x^2$이 되지.

15일차

1. 8x+6=5

2. 디오판토스의 나이를 x라고 해 볼까? 그리고 문장을 식으로 표현해 보자. 소년으로 산 기간은 $\frac{1}{6}x$, 청년으로 보낸 기간은 $\frac{1}{12}x$, 결혼하기 전까지의 기간은 $\frac{1}{7}x$, 5년이 지나고 아들과 함께 지낸 기간은 $\frac{1}{2}x$, 이후 죽기까지 4년 이 모두를 더하면 그의 나이인 x가 되겠지. 이를 식으로 나타내 보자.

   $\frac{1}{6}x+\frac{1}{12}x+\frac{1}{7}x+5+\frac{1}{2}x+4=x$

   분수를 없애기 위해 양변에 84를 곱하고 식을 정리해 볼게.

   14x+7x+12x+42x+756=84x

   756=9x

   x=84

   따라서 디오판토스는 84살까지 살았음을 알 수 있어.

16일차

1. 차례대로 점을 찍어 보면 다음 그림을 만날 수 있어. 바로 별이지.

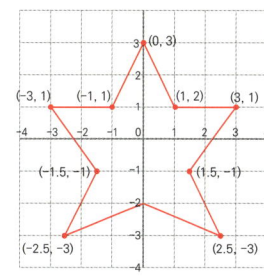

17일차

1. $y=1.5x+5$

2. X

해설 변화량이 일정한 것은 일차함수, 이차함수는 변화량이 일정하지 않기 때문에 곡선 형태의 그래프가 된다.

3. A 수조는 초당 2cm씩 일정하게 늘어났어. 그러니 15초 후에는 30cm에 도달하겠지. B 수조는 처음 5cm에서 시작해서 매초 1.5cm씩 늘어났어. 따라서 처음 5cm에 늘어난 22.5cm가 더해져 27.5cm가 될 거야. C 수조는 조금 어렵지? 올라가는 양을 조금씩 줄여 나가며 더하는 게 어렵잖아. 그래서 이번에는 위에서 세운 식에 대입해서 구해 볼게. 관계식 $y=-0.1x^2+3.1x$에서 x에 15를 대입하면 돼. 그럼 24cm가 나올 거야.

18일차

(1) 이미 y랑 같은 두 식이 있지? 두 식의 우변을 서로 같다고 놓으면 x에 관한 일차방정식이 돼서 쉽게 x를 구할 수 있어.

$3x+3=2x-1$

$x=-4$

이제 첫 번째 식의 x에 -4를 대입해서 y를 구하면 돼. 물론 두 번째 식에 대입해도 결과는 똑같이 $y=3\times(-4)+3=-9$야. 따라서 답은 $x=-4$, $y=-9$가 되지.

(2) 이번에는 한 문자를 없애기가 1번 문자보다는 까다로워. 계수의 절댓값이 같은 동류항이 있어야 사라지게 만들 수 있는데, 바로 보이진 않아. 그래서 2번째 식에 2를 곱해서 두 식 모두 x의 계수를 2로 만들어 줄 거야. 즉 아래 식은 $2x - 4y = -2$가 되지. 이제 위의 식에서 아래 식을 빼면 y에 관한 일차방정식이 되지.

$$\begin{array}{r} 2x+3y = 19 \\ -2x-4y = -2 \\ \hline 7y = 21 \\ y = 3 \end{array}$$

이제 두 식 중 하나의 식의 y값에 3을 대입해서 x를 구하면 되겠지? x는 5가 되고, 해는 $x=5$, $y=3$이 되지.

19일차

1. 인수분해

2. (1) 괄호끼리 곱해서 0이 되어야 하지? 그렇다면 둘 중 적어도 1개는 0이 되어야 해. 즉 $x+2=0$ 또는 $x-3=0$이어야겠지? 그래서 주어진 방정식의 해는 $x=-2$ 또는 $x=3$이야.

(2) 이 문제는 무려 사차방정식 문제야. 고등학교 때 배우는 문제지. 그렇지만 인수분해만 되어 있다면 사

차방정식도 문제없어. 괄호로 묶인 각각의 일차식이 언제 0이 되는지만 확인하면 되거든. $x+1=0$ 또는 $x-1=0$ 또는 $2x+1=0$ 또는 $2x-1=0$ 이어야 해. 그래서 해는 $x=-1$ 또는 $x=1$ 또는 $x=-\frac{1}{2}$ 또는 $x=\frac{1}{2}$ 이지.

20일차

1. 세로 셈의 빈칸을 잘 채웠다면 $x^2-8x+12 = (x-2)(x-6)$이라는 걸 알 수 있지. 따라서 $x=2$ 또는 $x=6$이니까 위 식의 값은 0이 되어 방정식의 해가 되지.

	x	$+1$
x	x	$+12$
		$+12$
x^2	$+12x$	
x^2	$+13x$	$+12$

	x	$+2$
x	x	$+6$
	$6x$	$+12$
x^2	$2x$	
x^2	$+8x$	$+12$

	x	$+3$
x	x	$+4$
	$4x$	$+12$
x^2	$+3x$	
x^2	$+7x$	$+12$

	x	-1
x	x	-12
	$-x$	$+12$
x^2	$-12x$	
x^2	$-13x$	$+12$

	x	-2
x	x	-6
	$-6x$	$+12$
x^2	$-2x$	
x^2	$-8x$	$+12$

	x	-3
x	x	-4
	$-4x$	$+12$
x^2	$-3x$	
x^2	$-7x$	$+12$

21일차

1. 이차방정식의 근의 공식을 유도해 보자. 방정식은 등식이라 양변을 a로 나누고 시작하면 더 편리해.

$x^2+\frac{b}{a}x+\frac{c}{a}=0$ 이제 x의 계수의 절반의 제곱이 필요해. 등식이니까 그냥 양변에 더하면 되지.

$\frac{c}{a}$를 먼저 우변으로 이항한 후 $\left(\frac{b}{2a}\right)^2$을 양변에 더할게.

$x^2+\frac{b}{a}x+\left(\frac{b}{2a}\right)^2=-\frac{c}{a}+\frac{b^2}{4a^2}$ 이제 완전제곱식으로 표현하고 우변을 통분해서 적어 볼게.

$\left(x+\frac{b}{2a}\right)^2=\frac{b^2-4ac}{4a^2}$ 이제 제곱근의 성질을 이용하고 $\frac{b}{2a}$를 우변으로 이항하고 정리하면 끝나.

$$x+\frac{b}{2a}=\pm\sqrt{\frac{b^2-4ac}{4a^2}}$$

$$x=\frac{-b\pm\sqrt{b^2-4ac}}{2a}$$

22일차

1. 평행이동

2. $y=f(x)$의 그래프를 x축의 방향으로 2만큼 평행이동시키려면 x값에 기존의 x보다 2 작은 값을 넣어야 하는 것과 같으니까 $y=f(x-2)$가 되고, 이를 y축 방향으로 -3만큼 평행이동시키면 $y=f(x-2)-3$이 돼.

23일차

1. ②

2. 사람들은 유클리드의 5번째 공준이 다른 공준들에 비해 복잡하고 직관적이지 않다고 생각했어. 그래서 많은 수학자들이 이를 증명하려고 노력했지. 1~4개의 공준으로 5번째 공준을 증명할 수 있을 거라고 생각한 거야. 혹은 좀 더 직관적이고 단순한 방식으로 표현하려고 노력했어. 그러나 여러 시도 끝에 공준을 증명할 수 없다는 것이 밝혀졌고, 오히려 새로운 공준을 세우면서 새로운 기하학이 탄생하게 되었어. 수학을 공부할 때 뭐든지 이렇게 비판적으로 생각하고 상상하면 좋겠어.

24일차

1. X

해설 비유클리드 기하학에서는 삼각형 내각의 크기의 합이 180도보다 크거나 작을 수 있다.

2. 십각형을 한 꼭짓점에서 대각선을 그어 삼각형으로 분할하면 총 8개의 삼각형으로 나눌 수 있어. 따라서 내각의 크기의 합은 $180° \times 8 = 1440°$가 되지. 대각선의 개수는 $10 \times (10-7) \div 2$이므로 35개야.

25일차

1. 정폭도형

2. 작아지지

3. 원의 안과 밖에서 접하는 정다각형의 둘레의 길이와 비교했어. 점점 다각형 변의 개수를 늘리면 더 정확한 원주율을 구할 수 있지.

26일차

1. 3분의 1

2. 도형을 작은 조각으로 잘라서 근사해 보는 방법(적분의 아이디어)

3. 밑면인 원의 넓이는 9π가 되고, 높이가 5이니까 원기둥의 부피는 45π가 돼.
뿔의 부피는 기둥 부피의 $\frac{1}{3}$이니까 뿔의 부피는 15π가 되겠지.

27일차

1. 합동

2. X

해설 마름모는 네 변의 길이가 같아도 각의 크기에 따라 모양이 달라 합동이 아닐 수 있다.

3. 먼저 3cm의 선분을 그려. 그리고 이 양 끝 각에 넣을 수 있는 각의 경우를 생각해 보면 돼. 총 3가지 경우가 나와. 먼저 양 끝 각에 각각 30°, 60°인 삼각형을 그리는 거야. 삼각형의 세 내각의 크기 합은 180°니까 나머지 한 각은 90°가 될 거야. 이제 길이 3cm 선분의 양 끝 각에 30°, 90°인 삼각형을 그리면 나머지 한 각이 60°가 되어 주어진 조건을 만족하는 삼각형이 그려지게 돼. 그려 보면 알겠지만 처음 그린 삼각형과 다른 삼각형이 그려지지. 마지막으로 길이 3cm 선분의 양 끝 각에 60°, 90°인 삼각형을 그릴 수 있지.

28일차

1. $a^2 + b^2 = c^2$

2. 정말 다양하지만 몇 개만 알려 줄게. (3, 4, 5), (5, 12, 13), (7, 24, 25), (8, 15, 17), (9, 40, 41), (11, 60, 61) 등이 있어. 이 삼각형들과 닮음인 삼각형은 모두 직각삼각형일 테니 세 수에 자연수를 곱해도 모두 피타고라스의 수가 되지. 예를 들어 (3, 4, 5)의 2배인 (6, 8, 10)이나 3배인 (9, 12, 15) 모두 피타고라스의 수가 돼.

29일차

1. 비율, 합동

2. 3:4:5.3, 4, 5는 피타고라스 수로, 이 길이 비율로 줄을 매듭 지으면 직각삼각형을 만들 수 있어.

3. 닮은 도형의 부피비는 닮음비의 세제곱에 비례해. 따라서 부피비는 $2^3 : 3^3 = 8 : 27$이 돼.

30일차

1. 141m

해설 높이는 $800 \times \tan 10°$를 계산하면 돼. 따라서 800×0.1763은 약 141m야.

2. 30°, 60°와 같이 수학적으로 정확한 삼각비를 구할 수 있는 값이 있어. 이를 특수각의 삼각비라고 해. 여기에는 45°도 포함돼.
정삼각형을 한 꼭짓점에서 마주 보는 변에 수선을 내리면, 밑변을 수직이등분하고 나누어진 삼각형이 바로 30°, 60°를 갖는 직각삼각형이 되지. 따라서 우리는 30°, 60°에 대한 정확한 삼각비를 구할 수 있어. 참고로 직각 이등변삼각형을 그리면 45°에 대한 삼각비도 알 수 있어.
주어진 문제의 답은 다음과 같아.

$$\sin 30° = \frac{1}{2}, \cos 30° = \frac{\sqrt{3}}{2}, \tan 30° = \frac{\sqrt{3}}{3}$$

31일차

1. 삼각형 ABD와 삼각형 ACD의 넓이는 같아. 점 D가 중점이니까 밑변과 높이의 길이가 각각 같은 두 삼각형이기 때문이지. 그리고 삼각형 ABG의 넓이는 삼각형 ABD의 넓이의 $\frac{2}{3}$야. 왜냐하면 선분 AG와 선분 GD가 2:1 이기 때문이지. 마찬가지로 삼각형 ACG의

넓이는 삼각형 ACD의 넓이의 $\frac{2}{3}$겠지? 따라서 삼각형 ABG와 삼각형 ACG의 넓이는 같아. 마찬가지 방법으로 삼각형 BCG의 넓이도 같아져.

32일차
1. 외심, 외접원
2. 지형이나 건물의 위치 등 통신에 영향을 주는 다양한 요소 때문에 사실 정답을 찾는 게 쉬운 일은 아니야. 하지만 그러한 조건을 배제하고 수학적으로 생각해 본다면 세 점까지 이르는 거리의 합이 최소가 되는 점을 찾아볼 수도 있어. 실제 이러한 점을 '페르마의 점'이라고 해. 실제 통신 타워의 최적화 문제에는 페르마의 점이 사용되곤 해.

33일차
1. 내접사각형, 180°
2. 그렇지 않아. 외접하는 원을 그릴 수 있는 사각형은 대각의 크기의 합이 180°가 되어야 하지.

34일차
1. 내심, 내접원
2. 원 밖의 한 점에서 접점까지 이르는 거리가 같으니까 둘레의 길이는 3, 5, 3, x가 두 번씩 있는 거랑 같아. 따라서 3+5+3+x=13이 되어야겠지? 따라서 x=2야.

35일차
1. 변량, 계급, 도수
2. 도수분포표
3. 가구의 대다수가 낮은 순자산 구간에 집중되어 있어. 히스토그램에서 2억 미만의 순자산 가구가 전체의 약 44.5%를 차지하고 있지. 순자산이 증가할수록 해당 가구수가 급격하게 감소하는 것을 확인할 수 있어.

36일차
1. 평균과 중앙값이 크게 차이 나는 경우는 극단적으로 크거나 작은 값이 있을 때야. 평균은 모든 숫자를 더해서 나눈 값이라서 이상치에 영향을 많이 받지만, 중앙값은 숫자를 순서대로 나열한 중간값이라서 그렇지 않아. 그래서 분포가 한쪽으로 치우치거나 이상치가 있으면 평균과 중앙값이 다를 수 있어!
2. 평균 : $\frac{101}{9}$ 중앙값을 구하려면 오름차순으로 정렬해야 해. 3, 5, 7, 8, 12, 133, 14, 18, 21 따라서 9개 중 가운데인 5번 째 값인 12가 중앙값이야.
3. 바꾸기 전 평균이 20이니 7개의 숫자를 모두 더하면 140이야. 바꾼 후 평균이 23이니 7개의 숫자를 모두 더하면 161이야. 21만큼 증가했다는 것을 알 수 있지. 따라서 49-21인 28이 원래 가장 큰 숫자야.

37일차
1. 중앙값, 평균
2. 산포도, 산포도에는 범위, 사분위수 범위, 분산, 표준편차 등이 있어.
3. 분산과 표준편차는 평균으로부터 흩어진 정도를 나타내는 척도라서 평균을 먼저 구해야겠지? 평균을 구하면 4가 나와. 이제 각 변량에 대해 편차를 구하고 제곱한 후에 평균을 구하면 4가 나오지. 이게 바로 분산이야. 여기에 근호를 씌운 $\sqrt{4}$, 즉 2가 표준편차야.

38일차
1. 상자그림은 자료의 중앙값(중심 경향), 자료의 흩어진 정도(범위, 사분위 범위), 극단값 또는 이상치의 존재 여부를 쉽게 파악할 수 있어.
2. 상자그림은 데이터의 분포를 한눈에 보여 주는 도구야. 자료의 분포가 대칭적일 때는 상자가 가운데에 있고, 양쪽의 선(수염)도 길이가 비슷하게 나와. 중앙값은 상자 안에서 정확히 가운데에 위치하지. 하지만 자료가 한쪽으로 치우쳐 있으면 상자와 선이 한쪽으로 더 길게 늘어나. 예를 들어 큰 값에 치우친 경우에는 상자의 위쪽과 선이 더 길어지고, 중앙값이 위쪽으로 치우쳐 보이게 돼. 반대로 작은 값에 치우친 경우에는 상자의 아래쪽 선이 더 길어지고, 중앙값이 아래쪽으로 치우쳐 있어. 이렇게 상자그림을 보면 자료의 분포가 대칭적인지 아니면 어느 방향으로 치우쳤는지 쉽게 알 수 있어.

39일차
1. 산점도, 상관관계
2. X
   해설 상관관계는 두 변량이 함께 변하는 경향만 보여 줄 뿐 원인과 결과를 보장하지 않아. 예를 들어 아이스크림 판매량과 익사 사고 건수는 양의 상관관계이지만 인과관계는 아니야.
3. 스마트폰 보급률이 증가하면서 커피 소비량도 늘어나는 경향이 있을 수 있어. 하지만 스마트폰 보급이 커피 소비를 직접적으로 증가시킨다고 보기는 어려워. 두 현상은 현대적인 라이프스타일 변화나 도시화 같은 공통 요인 때문에 비슷한 방향으로 변화했을 가능성이 높아.

40일차
1. $\frac{1}{2}$
   해설 주사위는 1~6까지 눈이 나오고, 홀수는(1, 3, 5) 세 가지야. 전체 6가지 중 3가지이니 확률은 $\frac{1}{2}$이 돼.
2. 실험
   해설 윷은 모양 때문에 한쪽 면이 더 자주 나오므로 실제 던져 보는 실험으로 확률을 구해.

3. 어떤 사람이 이렇게 생각했다고 하자. "내가 아침 8시에 출근할 때, 교통 신호를 기다릴 확률은 1/3이겠지. 신호등은 초록불, 빨간불, 노란불 중 하나니까!" 하지만 실제로 신호등의 불이 켜져 있는 상태가 동일한 시간인 건 아니야. 빨간불은 60초, 초록불은 40초, 노란불은 5초로 설정되어 있다면, 빨간불에 걸릴 확률이 훨씬 높아. 이 사람은 신호등이 켜지는 상태의 시간이 같을 거라고 잘못 가정했기 때문에 실제와 다른 확률을 계산한 거야. 이처럼 일상적인 상황에서도 동일한 가능성이 나올 거라고 잘못 가정하면 잘못된 결론을 내릴 수 있어.

41일차

1. 도박
   해설 도박에서 이길 방법을 찾으려는 과정에서 확률 연구가 시작되었어.

2. $\frac{7}{8}$.
   해설 전체 경우의 수 8가지 중에서 B가 이기는 경우는 (뒤, 뒤, 뒤) 1가지뿐이므로 A는 7가지 경우에서 이기게 된다.

3. 보험에서는 확률을 이용해서 사고나 질병이 발생할 가능성을 계산해. 예를 들어 나이가 많은 사람은 병에 걸릴 확률이 높으니까 젊은 사람보다 보험료가 비쌀 수 있어. 또 운전 경험이 적은 사람은 사고 확률이 높아서 보험료를 더 비싸게 책정하는 경향이 있지. 이런 식으로 보험사는 확률을 바탕으로 보험료를 정하고, 사람들이 낸 돈으로 사고나 질병을 겪은 사람들에게 보상금을 지급할 수 있도록 계획을 세워. 그래서 확률은 보험 회사가 안정적으로 재정을 유지하는 데 중요한 역할을 하고 있어.

42일차

1. 4색 문제
2. 수형도는 각 단계마다 선택 가능한 경우를 빠짐없이 나열해 전체 경우의 수를 한눈에 확인할 수 있어. 그래서 중복이나 빠뜨림을 방지할 수 있어.
3. A에 칠할 수 있는 경우의 수는 4가지, B는 3가지, C는 B하고만 다르면 되니까 3가지, D는 B와 C와 달라야 하니까 2가지, E는 C와 D와 달라야 하니까 2가지야. 따라서 모두 곱하면 4×3×3×2×2=144가지가 돼.

43일차

1. 6×6×6=216.
   해설 주사위 하나당 6가지×3개= 216가지 경우의 수가 생겨.
2. O.
   해설 주사위 눈의 합 9의 경우의 수는 25, 합이 10의

경우의 수는 27로 10이 약간 더 유리해.

3. 주사위 2개를 던졌을 때 가장 높은 확률을 갖는 눈의 합은 7이야. 왜냐하면, 두 주사위를 던졌을 때 나올 수 있는 합은 2부터 12까지인데, 7이 되는 경우가 가장 많기 때문이지. 예를 들어 7이 되는 경우는 (1, 6), (2, 5), (3, 4), (4, 3), (5, 2), (6, 1)로 총 6가지야. 다른 숫자들은 이보다 적은 경우의 수를 갖기 때문에 7이 나올 확률이 제일 높아.

44일차

1. O
   해설 23명만 되어도 확률이 약 50.7%가 된다.
2. 학생들의 생일이 모두 다르다.
3. 모든 학생이 서로 다른 달에 태어나는 확률을 구하다가 이 확률이 50%보다 낮아지는 학생의 수를 찾으면 돼. 첫 번째 학생은 12달 중 아무 달에나 태어나도 돼. 두 번째 학생이 다른 달에 태어나려면 11/12겠지. 세 번째 학생은 앞 두 학생과 모두 다른 달이어야 하니까 10/12이고. 여기까지 계산하면 약 76%의 확률이야. 네 번째 학생은 9/12이고 이를 곱하면 약 57%의 확률로 네 명의 학생이 서로 다른 달에 태어날 수 있어. 다섯 번째 학생도 다른 달에 태어나려면 8/12를 곱하면 약 38%의 확률이 돼. 따라서 5명만 넘어도 적어도 두 명의 학생이 같은 달에 태어날 확률이 약 62%가 돼.

45일차

1. X
   해설 실제 기댓값은 약 50% 정도로 장기적으로 절반은 손해 보게 된다.

2. $\frac{1}{8,145,060}$

3. 10가지
   해설 우선 차례대로 2개의 숫자를 뽑는다고 생각해 보자. 처음 뽑을 수 있는 경우의 수는 5가지, 두 번째 뽑을 수 있는 경우의 수는 4가지니까 총 20가지라고 생각할 수 있어. 하지만 뽑힌 수의 순서는 중요하지 않잖아? 따라서 2개의 수를 배열하는 경우의 수인 2로 나눠 줘야 해. 따라서 구하려는 경우의 수는 10가지야. 직접 해 봐도 알 수 있어. 1과 2, 1과 3, 1과 4, 1과 5, 2와 3, 2와 4, 2와 5, 3과 4, 3과 5, 4와 5 이렇게 모두 10가지지.

46일차

1. 벡터, 행렬
2. 한 장의 사진은 4,000만 개의 숫자로 표현되니까, 하루에 올라오는 4억 장의 사진은 4,000만×4억 개의

숫자가 필요할 거야. 이를 계산하면 총 1경 6,000조 개의 숫자가 필요해! 이렇게 엄청난 데이터를 효율적으로 처리하기 위해서 수학적인 방법, 특히 벡터와 행렬을 사용해서 데이터를 정리하고 분석하는 거야.

47일차

1. 빨강(R), 초록(G), 파랑(B).
해설 RGB 3색의 조합으로 모든 색을 표현하고 각 색은 0~255 숫자로 나타내.
2. 컨볼루션 신경망(CNN). CNN은 이미지에서 중요한 패턴을 숫자로 추출해 효율적으로 인식하게 도와줘.
3. '"날씨"라는 단어를 숫자로 표현하려면 날씨의 종류를 기준으로 정할 수 있어. 예를 들어 맑음(1), 흐림(2), 비(3), 눈(4)처럼 표현하면 인공지능이 날씨 관련 정보를 더 쉽게 이해할 수 있어.

48일차

1. 유클리드 유사도, 코사인 유사도
2. X
해설 코사인 유사도는 각도가 작을수록 1에 가까워져.
3. 다양하게 생각해 보는 것이 좋아. 예를 들어 점수의 변화량을 고려해 볼 수도 있어. 회전목마와 롤러코스터 점수 차이를 비교 대상으로 삼는 거지. 혹은 추가적인 데이터를 조사하는 걸 고려해 봐도 좋아. 예를 들어 놀이 기구를 실제로 탔을 때의 만족도 점수들을 조사해서 이를 기반으로 모델을 생성할 수도 있지.

49일차

1. 지도학습, 비지도학습
2. 정답은 인공지능이 학습하는 기준이 되기 때문이야. 강아지 사진에 "강아지", 고양이 사진에 "고양이"라는 정답을 주면, 인공지능은 어떤 특징이 강아지와 고양이를 구분 짓는지 학습할 수 있어. 정답이 없다면 올바른 판단을 학습할 수 없지.
3. 비지도학습은 정답이 없는 데이터도 분석할 수 있어. 데이터가 많지만 정답이 없는 경우, 비지도학습을 통해 데이터를 그룹으로 나누거나 규칙을 찾아서 유용한 정보를 얻을 수 있어. 이는 새로운 패턴을 발견하거나 데이터를 효율적으로 정리할 때 유리해.

50일차

1. 딥러닝
2. O
해설 전통적인 기계학습은 1~2개의 층만 사용하지만 딥러닝은 다층 구조를 통해 더 복잡한 패턴을 학습해.
3. 딥러닝에서 여러 층은 각각 다른 정보를 처리하고 학습할 수 있어. 예를 들어 강아지와 고양이를 구분할

때, 한 층은 눈 모양, 또 다른 층은 귀 모양, 꼬리 모양 등을 각각 학습하게 돼. 이런 방식으로 여러 층이 협력하면 더 정교하고 정확한 판단이 가능해지는 거지. 따라서 기계학습보다 복잡한 문제를 해결할 수 있어.